經典哲學名著導讀
019

亞里斯多德與《政治學》

Routledge Philosophy GuideBook to Aristotle and the Politics

吉恩・羅柏茲　著
林建福　譯

序

本書旨在協助閱讀亞里斯多德（Aristotle）《政治學》（*Politics*）的讀者們，對於一個怎麼讀都算是困難與混淆的哲學文本，能夠讓他們釐清自己的方向。

我並不是透過逐節評論來完成這件事，這麼做的部分原因是因爲：這個文本在難度上是參差不齊的，某些段落相對簡單易懂，讀者毋須任何協助，而其他段落則是亞里斯多德最晦澀難懂的部分。還有一部分讓我這麼做的原因是：這個文本從頭到尾並沒有顯示出清楚的線性論述，因此有時候有必要在這個整體文本之中進行大約的歸類。這並不是說我沒有大略地依據亞里斯多德文本當中主題的順序，我的確是從起頭的地方開始，挑選我認爲最重要的問題，並依亞里斯多德提出這些問題的順序加以呈現。而爲了要找到這些問題的答案，有時候需要在文本之中反覆閱讀。

本書沒有注腳①。這對某些人來說是顯而易見的，當然不是因爲我沒有受到他人所撰述的幫助或影響，而是考量到這個計畫的目的，若要加上注解，似乎不可能在不澈底地使用過分裝飾之文藻解釋的狀況下，直接處理這些二手文獻。在每一章的結尾，有進一步的閱讀建議和參考書目，這應

① 本書沒有任何注腳，但是爲了翻譯的需要，譯者在某些地方加了注腳，希望能更清楚說明爲何中文是這樣翻譯的，同時會在每個注腳後面加上「譯者注」。——譯者注

該能清楚告訴讀者可以從哪裡獲得更多的理解，以及我的研究軌跡。

當描述亞里斯多德有關公民的看法時，我將通篇使用男性代名詞，這是我在此文本中基本上會做的事，否則將會產生誤導。儘管一般來說在我看來，道德憤慨（moral indignation）最好是針對活著的人，或者至少是針對比亞里斯多德逝世得更晚的人，但是如果是真實遭遇到應當憤慨以對的古代看法，我看不出有任何隱瞞這些看法之特性的理由，主要這完全是關於描述之精確性的問題。如果不這麼做也很有可能產生一個推定，即沒有吸引力的部分是能夠簡單地和比較有吸引力的部分分離開來，讓好的部分和所有他們原初的根底與基礎原封不動，如此所產生的推定忽略了重要的哲學問題。

按照現今標準，亞里斯多德作品出處的通用引用頁碼是參照貝克爾（Bekker）頁碼。而那些不包含特定作品名稱的出處，所指的是《政治學》。翻譯則出自於我本身，我希望這樣不會造成讀者的混淆。無論如何，我的確建議查看多種翻譯，以便抵消因翻譯者的語言而非亞里斯多德的語言所產生的細微差別與可能影響。

感謝馬爾科姆·斯科菲爾德（Malcolm Schofield）和克里斯多福·羅維（Christopher Rowe）在多年前邀請我把此書當中的一章，投稿到 *The Cambridge History of Greek and Roman Political Thought* 此書，因此迫使我以先前未有的方式了解整本《政治學》，嘗試處理其中的論點。我也要感謝同事大衛·凱特（David Keyt），在我嘗試寫作亞里斯多德的政治思想之前，他在這方面已有許多清晰明白的文章，從而讓我從他的著作中獲益良多。我也要對同事安吉拉·史密斯（Angela Smith）和卡斯·韋勒（Cass Weller）表示感謝，他們在不同時間閱讀了這本書的各個部分，但無庸置疑，本書出錯的部分都不是由他們負責。（還有我的朋友安琪（Angie）和快樂相處的夥伴卡斯（Cass），如此需要償還的恩義變多了。）英屬哥倫比亞大學（University of British Columbia）的一位活躍聽眾幫助我更清楚地思考亞里斯多德關於奴隸制度的看法。三位 Routledge 的讀者之中，其中二位仍然保持匿名，而一位是藍道爾·柯倫（Randall Curren），他們對於本書倒數第二個版本提供了非常有益的建議。我不曾試圖來讓他們所有人對本書都很滿意，但是我的嘗試確實提昇了整體的品質。最後，幾百位華盛頓大學（University of Washington）主修哲學的同學修習我開設的希臘政治哲學（Greek political philosophy）這門課時，已經聽過了本書內容的某種版本。我一直對於他們的好奇心與才智銘感五內，並感謝他們因此而讓我們對於自己的政治社群之未來持樂觀態度。

目次

第一章 緒論

他說話口齒不清，眼睛很小，死後被發現他擁有許多盤子。關於古代的文獻學訊息及古代的冷知識，第歐根尼．拉爾修（Diogenes Laertius）所著公元第三世紀的《名哲言行錄》（*Lives of Eminent Philosophers*）是我們最佳參考來源。他於公元前三八四年出生在斯塔吉拉（Stagira），是馬其頓皇家醫生（royal Macedonian physician）尼各馬可斯（Nicomachus）的兒子，亞里斯多德之後也爲自己的兒子取了這個名字。他在雅典的柏拉圖學院待了將近二十年，據說柏拉圖（Plato）的姪子斯珀西波斯（Speusippus）在柏拉圖於公元前三四七年去世後被任命爲校長，亞里斯多德感到厭煩，因而離開柏拉圖學院。不管是否是因爲古代的學術政治，他的確在當時離開雅典。在接下來約十二年期間，一般的說法認爲他擔任了年輕的亞歷山大（Alexander）的導師，這位也就是後來的亞歷山大大帝。在這段期間，亞里斯多德也可能蒐集了之後啟發他生物學著作的大部分資料，主要是來自勒斯柏斯（Lesbos）島，這也替他之後聞名的生物學著作提供資料。他在公元前三三五年回到雅典，在呂西恩（Lyceum）的某個公共步道建立了自己的學校，據說他在這裡和學生是邊漫步邊交談，因此獲得「逍遙學派」（peripatetic）的稱號。當亞里斯多德逝世時，這所學校和他的著作都交給了他的學生迪奧法都（Theophrastus）。據說他的遺囑指示釋放他個人的奴隸，儘管不是在他死後立即釋放。還有一個傳說是他在公元前三二三年逃離雅典，當時亞歷山大大帝的死亡引發一陣反馬其頓的情緒，這導致亞里斯多德被指控犯有「不虔誠」的罪名。據說法他離開是爲了防止雅典「再次褻瀆哲學」，當然這種說法是暗示他擔憂自己會同蘇格拉底（Socrates）有一樣的命運。他在公元前三二二年死亡，也就是晚亞歷山大一年。

在古老清單上所記錄的亞里斯多德作品中，即使只是相對少量餘留到我們手上的一部分（被認爲大約是五分之一），其數量和廣度上仍然令人感到震驚。他蒐集大量關於動物的資料，對他所學的內容加以精確的歸類與描述，並把動物視爲有結構的生命有機體，仔細思考如何解釋這種生命有機體。他對植物也做了同樣的事，因此創造了生物學（biology）這門科學，儘管不是「生物學」這個概念，因爲他沒有將動物的研究和植物的研究歸爲相同研究的一部分。他也有系統地思考不同的心靈能力，或不同種類的靈魂，這些差異把生物之間彼此區分開來。他是一位經驗豐富的數學家，造就了物理學的重大進展。對他來說，物理學是對於自然對象的一般性研究，也就是根本上由形式（form）和質料（matter）所組成的任何非人造事物，並且內在具有變化的源頭。他以邏輯（logic）與解釋（explanation）、美學（aesthetics）及修辭學（rhetoric）作爲主題進行寫作。除了上述這些之外，還要加上他仍然具有影響力的形上學（metaphysics）、道德與政治學著作。對於掌握不同探究領域之間的分界線，以及形成整個宇宙更加融貫的整體圖景，比起任何曾經這麼做的人，或者是可能會再次這麼做的人，亞里斯多德在這兩者之上都具有更清楚的想法。他或許已知曉所有在他所生活的時代之所有事物，至少在他所經歷過的世界來說是這樣的。十七個世紀之後的但丁（Dante）正確地把他描述爲「所有求知者的大師」。

如果在他的關注中能找到作爲核心的或定義的東西，尤其是如果這個定義作爲傳統的或看似自然的有關於柏拉圖，那肯定就是對於生物學的關注。從現今任何殘存的文本之中，能找到的極少數眞正有說服力的文字，其中之一是在《論動物的組成》（*Parts of Animals*，644b21-645b1）開頭的部分，可以看到他早期發自內心尋找並看見動物之中的美之深切的懇求。雖然他仍然是相當柏拉圖主義者，能夠接納未生成的與不朽的自然對象（如：行星）之優越性，但是針對基於動物的外觀而退縮的人，他看起來幾乎是輕蔑以對。他認爲，即使是最醜陋的動物也具有某種美，因此對於那些根據有機體作爲整體生命的角度的人而言，理解並欣賞動物職分上的安排與運作，也會是巨大的快樂源泉。雖然，對動物的本性和種類之熱情關注，或許邏輯上並不會導致對柏拉圖式形上學的拒絕，而對那些將數學視爲基礎科學的人們來說，柏拉圖式的形上學是令他們自在的，但是他的這種關注確實提供了一種性質上的推動力，使之往更經驗性的方向發展。雖然亞里斯多德在各種領域或以各種方式受惠於柏拉圖，但是他的老師以非具身化抽象形式（form）作爲宇宙中最爲眞實的成分，所賦予這些形式的這種角色被個別的自然實體所取代，這當中看來很清楚的是：他對動物最爲著迷。在拉斐爾（Raphael）《雅典學園》（*The School of Athens*）的描繪中，柏拉圖手指向上，亞里斯多德則是手指向下（或至少是中間方向），他的描繪雖然陳腐而熟悉，但卻確實捕捉到關於亞里斯多德公認的形上學以及其更強烈著重邁向經驗界的重要性。動物和其他自然的物體並非亞里斯多德探究的唯一主題，他也承擔了對於種種雅典體制（constitution）之描述性歷史的責任，對於古代政治學史家而言，這些描述性歷史和《政治學》的部分讓他成爲無與倫比與寶貴的訊息來源。在《政治學》當中顯現出相同的明顯經驗性立場，早期的政治思維和現存的政治安排實例都受到嚴肅的檢視。這兩者之中檢視的焦點不僅在於它們在理論上看起來有多連貫，還在於各種安排在實踐中的效果如何。他所提議的建設性提案很大的程度上是以普通的及相當不完善的城邦①爲目標，而且

---

① 本書當中出現的「city」或「*polis*」（或者這兩者並列出現）指的是古希臘時代的城邦，因此翻譯爲「城邦」。——譯者注

都是明確地立基於各式各樣歷史的與心理的訊息之上。

當然，一些亞里斯多德的作品幾個世紀以來一直維持著具哲學的吸引力和合理性，在這一點上要比其他作品更好。其倫理學作品似乎不只是所有作品之中最容易親近與適意的，而且在某些方面要比現代及當代的作品好，或至少具有相等的複雜程度。亞里斯多德的擁護者更能理解其倫理學作品勝過於《政治學》，後者似乎整體上是疏遠的，而且有時候是十足地令人憎惡。亞里斯多德對奴隸制度的辯護是有名的，但是卻連看到需要為女性屈從所進行的辯護也沒有，這項事實讓他和我們脫節。但是發現這樣的觀點是出自古希臘人，並不足為奇。倒是他對民主決不採取完全讚賞的態度，這是有些令人比較驚訝的，或者說是只根據時間上或地理上的位置來說的話，至少會是比較難預料到的，而且基於這樣的理由是會讓人更加失望的。雅典是民主的發祥地，《政治學》是在雅典撰寫的，這些會使得基於上述理由對《政治學》的不安與失望更加劇烈。古希臘最偉大的哲學家之一應該是明確的、強烈的民主辯護者，這似乎是如此明顯地合適，顯然柏拉圖不在競選之列。毫無疑問，亞里斯多德比柏拉圖懷有更少的敵意，但是在比柏拉圖有更少敵意和我們所要尋找的這位辯護者之間存在很大的空間，亞里斯多德相當靠近前者而非後者。

儘管如此，這裡有關於古代民主與現代民主之間的差異，或者更重要的是，古代民主理論（儘管沒什麼了不起）與現代民主理論之間差異，我們可以從中汲取教訓。亞里斯多德還是在撰寫傳統的希臘城邦，相較於任何現代的民主國家，它是更加小型而可能達到無法想像地更為緊密的社群。亞里斯多德能夠主張理想上一個城邦應該足夠小到所有公民能夠彼此熟悉（《政治學》，1326b11-24），而且假定他這樣主張不會聽起來是荒謬的。他沒有提供任何估計數，然而他肯定沒想到比當時的雅典更廣大的任何東西。所有關於古代雅典人口數目的估計數是非常高度臆測性的，而人們則認爲雅典在亞里斯多德時代很久以前粗略有三萬公民。雖然同樣地細節是概略的，雅典在當時是民主的，意思是所有出生自公民父母的非奴隸自由男性都是公民，較早獲得公民身分的財產條件被廢除了。決策主要是由一個公民大會（Assembly）所制定，每個公民都有權利在會中發言。大會一年大約召開四十次，多達六千人出席。也有大量的外邦人或定居的外邦非公民，他們沒有任何政治的或財產的權利，只具有縮減的法律權利。另一方面，他們有許多正式的公民義務，而且看起來往往都與雅典的文化生活同化。亞里斯多德無疑的是最有名的雅典外邦人。男性公民可能人數上比不上男性非公民，也就是外邦人與奴隸，而且有可能差距的數目相當大，接著奴隸又遠遠多過外邦人。除了一些非常高階的軍事與財政職位之外，幾乎所有公民職務都由每年的抽籤方式加以補充。履行陪審員義務或出席大會都是有酬勞的。因此，就柏拉圖或亞里斯多德拒絕民主的情況，他們並不是拒絕非常像今日我們的任何一個政治或經濟體系。當時確證（justified）民主的方式也不同於我們現今的確證方式，啟蒙時代個人自由（liberty）及自主（autonomy）的觀念仍然是未來的事。不管是爲了這些差異的純粹歷史關注，或者是爲了我們透過對照而認識我們自身的政治假定，這些差異是值得注意與理解的。

亞里斯多德本身相當程度地把倫理學作品和政治學作品看作是相同作品的一部分，而我們當代卻給予這兩者不同的回應，僅僅就此而言，除了有反省的材料之外，至少也有些許的諷刺在當中。亞里斯多德確實區分了眞正的倫理學和眞正的政治學：前者係探討靈魂或個人品格的狀態，也就是針對構成個人之卓越或德行與幸福之靈魂或個人品格；後者則考量社會或政治安排，也就是針對構成城邦之卓越或德行與幸福的社會或政治安排②。然而，《尼各馬可倫理學》（*Nicomachean Ethics*）是作爲《政治學》的前傳撰寫的，在至少表面的意義來說，前者結束的章節解釋了爲何需要討論後者所處理的主題。然而，這裡的連結一點也不是表面的，這些不僅僅是同時都需要被涵蓋在內的兩個不同探究領域，有些人相信哲學家應該同時說明私人與公共生活、私人與公共道德或個人德行與制度正義，如同這些人可能認爲會有不同探究領域。倫理學和政治學最終相當程度地成爲了相同探究的兩個部分，從某種意義上來說，他們具有相同的目的，而且是由相同的專門技能所構成的。的確，《尼各馬可倫理學》描述自己是在從事某「種的政治學」（kind of politics,1094b11）。政治學探究包含私人生活，而個人生活和德行是以該個人在政治社群中的所處地位這個角度加以描述的。

這種關係稍早的時候出現在《尼各馬可倫理學》，這部作品從注意到所有探究及所有行動都旨在獲得某種設想爲善的目的開始。

---

② 本書中的「virtue」常見的中文翻譯有「德行」、「德性」或「美德」，這三種譯名各有其言之成理之處。「virtue」翻譯自希臘語「*aretē*」，它沒有像現代英文「virtue」所已經具有的特定道德含義，因此以「excellence」（卓越）加以翻譯比較不會產生誤導（J. A. Ackrill and J. O. Urmson, 'Note on the Revision'. in *Aristotle: The Nicomachean Ethics*. Trans. by David Ross(pp.xxv-xxviii). New York, Oxford: Oxford University Press.(p.xxvi)）。——譯者注

一切專門技能、一切探究以及一切活動與抉擇都顯示出以某種善作爲目的，所以此善被正確説成是一切事物的目的。但目的之間卻有所差異：有些目的是活動，有些則是活動之外的生成物。在有著活動之外的目的這些情況下，這些生成物自然就比活動更好。由於有許多活動及許多種類的專門技能或知識，所以就有許多目的。（《尼各馬可倫理學》，1094a1-8）

這些關於目的的一般性評論，在這裡是公開表示亞里斯多德之主要問題的初步預備：什麼是某種美好或幸福的生活？許多當前的目的事實上只是手段，如同當某人爲了找食物吃而以到達市場爲目的。有時候手段只是作爲手段而被欲求，其他時候也把它當作目的加以欲求，比如當某人同時是爲了找食物和步行的樂趣而走路到市場。有時候這種目的是林林總總的生成物，其他時候則是一項活動，如同一方面是爲了食物，另一方面則是步行。更爲重要的一點是，生成物和活動這兩種目的往往會嵌入在作爲其他目的之手段的一系列目的當中。人們可以持續詢問爲何想要某些事物。亞里斯多德認爲那些系列的目的必須在某個地方停止，即必須要有某些爲其本身的緣故直接了當加以欲求的事物，如此終止了有關爲何要欲求它的問題，同時明白所從事活動的意義，他發現這樣的理解是沒有爭議的。如果，抉擇一切都是爲了另外的某事物，我們的慾望會是「空洞與徒勞的」（《尼各馬可倫理學》，1094a20-21）。所有的系列目的都在某個地方結束或以幸福結束③，幸福理解爲美好生

③ 本書中出現的「happiness」或「*eudaimonia*」（或者這兩者並列出現）指的是「幸福」，也就是「美好生活」

活，或者是做得好或過得好（《尼各馬可倫理學》，1095a19-20），他認爲這種說法也是沒有爭議的。對於任何人類行動的解釋，隨著訴諸要過美好生活的這個慾望結束一系列的解釋。行動者會把其行動看作或是構成或是有助於某種美好生活，這會是任何具有目的性之人類行動的最終解釋。（爲何你走路到市場去買食物呢？因爲那是一個令人愉悅的春天，而且愉悅是件好事，所以你走路。你也會爲了運動而走路，因爲運動有助於健康，而活得健康而非生病也是美好生活的一部分。你爲了獲得營養與隨之而得到的健康而購買食物。你或許也買食物來招待你的好朋友，因爲你想要帶給他們一頓美食的快樂，而且因爲你享受彼此相伴與交談的樂趣，這種消磨時光的方式是你想要怎麼過生活的一部分。）某些目的是活動，一開始注意到這一點是重要的，因爲最終的目的是一種活動。作爲目的的追求的這種幸福是一種活過的生活，因此是一種活動而非一項生成物。

雖說所有人類的努力都以「美好生活」這個意義的幸福爲目的，雖然是輕易地得到這個非常一般性與相當模糊的結論，但是該幸福之性質的精確觀念則是另一回事。什麼是幸福，以及如何才能獲得，這是眞正問題所在。有一比較正式的論點：「如果存在某個目的，爲了它我們從事一切我們所做的事，那麼我們應該試著找出它是什麼，以及什麼科學是以它爲探究對象」（《尼各馬可倫理

（good life）。「*eudaimonia*」被用來指任何最值得擁有與令人滿意的生活（J. A. Ackrill and J. O. Urmson, 'Note on the Revision'. in *Aristotle: The Nicomacheian Ethics*. Trans. by David Ross(pp.xxv-xxviii). New York, Oxford: Oxford University Press.(p.xxvii)）。——譯者注

學》，1094a18-26）。在我們出發之前，應該弄清楚要往哪裡前進，這似乎是幾近於平凡無奇的主張；對於任何我們眞正想要瞄準的標的，應該加以清楚確定；如果你宣稱要關心你生活的品質（而誰會不關心呢？），你應當思考美好生活是什麼，以便能處於眞正地過這種生活的最佳位置。關於這個的進一步主張雖然是科學或專門技能的事，但它一點都不是微不足道的。關於應該如何過「人的生活」這種事，亞里斯多德確實想說這是有事實存在的，因而有這方面要獲得的知識。要回答是否任何個人或社群過著美好生活這個問題，不是經由詢問該個人或該社群，而是要透過哲學的探究。關於對人來說什麼是最好的生活這件事，它是認知的對象及某種專門技能或科學的主題，不只是有直截了當的事實，而且該科學是政治學（politics），字義上有點像「這種城邦的科學」或「這種城邦的研究」。

因此，這裡有一個相當快速的轉變，從所有人類獨特的活動之目的性（所有探究與行動都致力於追求某種善），轉向對此政治社群的研究，以此來發現所有這些有目的性的活動應該如何進行與引導。雖然在這個文本之中可以找到某個勉強稱得上的解釋，但是這似乎並不是亞里斯多德認爲迫切需要加以論證的一個舉動，沒有人會覺得他認爲有人不同意他的觀點，或者說至少在這個脈絡中，沒有任何值得關注的人會有這樣的不同意。幸福作爲普遍認可的所有人類行動之最終目的，如果這只是模糊地詳述或隱晦地理解，以及幸福作爲政治學的題材，政治學被視之爲對於城邦中善的探究，這兩者之間的聯結是從兩個方向形成的。同時經由檢視政治學作爲一門科學的特性，以及透過檢視幸福作爲一項目的的特性，每個人都以之作爲目的來追求的這個幸福成爲了政治學的題材。

探究或科學的部門，或者是種種專門技能的領域，亞里斯多德認爲他們可以依清楚的階層式關係相互隸屬，這是他們的一種一般特徵。例如：由於製作馬鞍時考慮了騎師的目的，因此馬鞍製造作為一種技藝從屬於作為一種專門技能的馬術；從事騎術是為了軍事的目的，馬術依序從屬於軍事戰略；戰鬥是為了防禦城邦，也就是政治社群的善，軍事戰略依序隸屬於政治學。對於任何更加終極或順著這個系列更加進一步的目的，加以研究的科學就更加終極。亞里斯多德似乎在接下來做了一個轉變，從幸福這個最終目的的事實，加上它作為專門技能的主題之假設，得出結論——它必定是符合其作為。最終目的地位之科學的主題，即所有其他類型的知識或專門技能之目的都從屬於這門科學。所有行動的最終及終極目的，則會是某些同樣包羅萬象和具有引導性之科學的研究對象。亞里斯多德認為政治學（或政治科學或治國之才）對於城邦中所發生的一切都具有權威。「因為它運用其他科學，並且以立法規定何者應當或不應當從事，所以它的目的必須包括其他者的目的，而因此它的目的必定要是這種人類的善」（《尼各馬可倫理學》，1094b4-7）。對亞里斯多德而言，政治科學這種包羅萬象的職責很有可能看起來是如此明顯，以致於它就只是個假設。亞里斯多德心裡的政治學是關於此城邦的實踐性知識或專門技能，它適當地讓它的擁有者從事統治與治理，在其目的和涉及的內容上相較於我們現今所設想的政治科學或政治哲學要更加廣泛。相關地，他認為統治或治理也是更為深遠的。例如：他設想法律這個政治科學的產物之一，涵蓋所有行動，因而讓他易於把守法者和良善者同等看待（《尼各馬可倫理學》，1129b19-24）。或者，他是從那平行於探究之結構的人類目的之結構這裡，可能推論了政治科學相對於其他種專門技能的權威性地位。因為所有的努力最終都瞄準某個單一的最終目的，即幸福，所以一定會有某個同樣是最終的探究領域，而此城邦的研究很容易看起來像是唯一切實可行的候選者，這可能是接著的想法。不管是怎樣得出來的，這個主張清楚表明，對於所有聰慧的並具有目的性的人類行爲，對於此人類的善，或是那個爲了它我們從事了一切所做的，這些的最終解釋就是政治學的題材與其直接的目的。

這也是在闡述一些對現代人來說可能更令人不解的事物，也就是如果適切理解每個人的目的，即每個人都應該把此城邦的善作爲追求的目的。這是這個故事的開頭，而不是亞里斯多德認爲他需要加以論證的結論。亞里斯多德迅速而毫不誇耀地說道，任何人所追求的幸福或美好生活是政治學的主題，而政治學接著又以此城邦的整體善作爲追求的目的。這種個人善和公民善的融合，並沒有在《倫理學》裡對於此種美好與良善生活的描述中明確表現，但它貫穿始終，而且在幾個關鍵點之中重新出現。例如：當亞里斯多德得出結論，認爲幸福或美好的生活是這種完整而充分的目的，是任何人都嚮往能得到的一切時，他停下來指出他心中所想的並非單一個人的這種幸福。他所加以欲求並描繪的幸福不是一個孤立的個體的幸福，而是最終它是一個公民同胞所組織之政治社群的幸福，因爲人類不是能夠獨自地過美好的生活之存有。每個人欲求的幸福事實上是家人、朋友與同伴的幸福，「因爲人的本性是政治性的」（《尼各馬可倫理學》，1097b11）。對於人類之政治性的解釋不是在《倫理學》中而是在《政治學》之中提供的，在這裡只是被提及以便對於所追求的目的能有正確而正式的詳細說明。此處亞里斯多德並不是主張，所有欲求過美好生活或幸福的人實際上也欲求他們所隸屬之整體社群的幸福。他只是說，如果幸福能夠得到正確的確認，儘管它通常並非如此，所有人都會理解他們自己的幸福和他人的幸福是密切關連的。這顯示出即使就個人品質這方面來描述美好生活，它仍然是被設想爲某個完全嵌入政治社群的人之生活。當實踐智慧（practical wisdom, *phronēsis*）在一度被描述爲擅長愼思（deliberating）這種總的來說對人類而言的善（《尼各馬可倫理學》，1140b7-11），它是品格德行（character virtue）的理智成分，因此當實踐智慧據說是等同於政治的專門技能，這不完全出人意料。另一方面，政治科學的目的是使公民良善（《尼各馬可倫理學》，1099b29-32）。所以，所有人類行動的最終目的是政治社群之成員的幸福或德行，這個最終目的也是政治與倫理探究的題材。那麼在《尼各馬可倫理學》中描述的德行是政治動物的或公民的德行，這是一點都不會令人覺得意外的。由於這是《政治學》所採用的德行觀念，因此在轉向《政治學》之前，針對亞里斯多德式的個人理想生活至少有一個梗概的了解，這會是有幫助的。

如前所述，亞里斯多德從確認所有人類行動的最終目的是幸福或美好生活開始。光這樣說的實際作用很小，因爲困難的問題是幸福或美好生活到底是指什麼？幾個盛行的候選說法很快被摒棄（《尼各馬可倫理學》，1095b14-96a10）。致力於追求大部分是生理性快樂的生活，是非人動物會過的生活，或者至少是未能充分運作動物之中人類獨有之種種理性能力的生活，這被視爲不適合人類而加以摒棄。獻身於獲取財富的生活，就其以財富作爲最終善的程度，注定以挫敗收場，因爲財富就其性質而言是工具或手段而非目的。甚至，追求榮譽的生活也不完全是正道，理由在於獲取的榮譽很大程度上取決於他人如何回應，所以它不是個人能致力追求的生活方式，除非眞正的目的是值得尊敬的。亞里斯多德迅速摒棄了這些選項，從這裡可以清楚看出他是對有同感的人發表看法。對於任何過著這些被摒棄之生活的人來說，他們不會被這些評論感動，亞里斯多德實際上是向已經有這樣相信的人解釋正確答案。屹立不搖的是政治的生活及理論的生活，或者說是從事參與之公民的生活與哲學家的生活。

他接著經由關注功能、獨特的活動或本質（*ergon*），繼續更加正式地回答有關幸福之本質的問題（《尼各馬可倫理學》，1097b24-1098a18）。以亞里斯多德的一般原則來說，一個好Ｘ就是能夠把Ｘ們在特徵上會表現得好的Ｘ。也就是說，Ｘ們所表現的，使Ｘ們和其他事物區別開來；他們所表現的使他們之所以是Ｘ們。因而，凡是有關於那個好的Ｘ，其解釋它表現得好，就是Ｘ們的這個或某個德行或卓越。使用刀子進行切割，一把刀子是切割的工具，一把好刀子切割得好，是銳利讓好刀子切割得好，銳利就是刀子的德行或卓越。這是亞里斯多德設想一切事物之中的優點、德行或卓越（*aretē*）之典型方式。優秀的事物總會成為好的範例，在任何事物中，其卓越或德行者都將解釋它成為其同類中的佼佼者。優秀的城邦會是那些把城邦所從事的事物做得好的城邦；優秀的治理者會是那些把治理者會從事的事都做得好的人。在每種情況下，此特定的德行或德行們會是這種成功的原因。手邊的問題是：美好的人類生活或幸福是什麼？因此需要針對明確的人類生活進行辨識描述。與其他具有更簡單的心靈能力或靈魂的生物相比，人的生活是理性活動的生活，而美好的人類生活是在理性活動運作下過得好的生活。簡而言之，它是一種能遵行那些構成人類理性能力之良好運作的德行或卓越之生活。

人類的理性能力是複雜的，有理智的理性，以及與情緒和嗜慾息息相關的理性這兩者。德行則有粗略劃分下的理智德行（intellectual virtue）和品格德行（virtue of character），或者我們當中把後者視為從事政治生活之德行的人，是會傾向將其描述為道德德行（moral virtue），但亞里斯多德並沒有這麼做。理智德行是這樣的，他們只和不同種類的理性良好運作有關，品格德行同時包含理性、及情緒與嗜慾。就亞里斯多德把這兩種不同德行之運作視為兩種不同之生活來說，顯然會有需要在這兩種之間進行抉擇。相對於政治生活，智性生活具有優越性，這是毫無疑問的，但是由於人類不純粹是理智的存在，也是社會的存在，所以就連對個人而言純粹理智生活是不可能的，對社群而言則是肯定不可能的。如何來調解這些事實是一項議題，亞里斯多德在《尼各馬可倫理學》和《政治學》之中都加以擱置，直到他對美好的政治生活描述結束。在《政治學》之中討論最好城邦的說明裡，這項議題會再次出現。

雖然品格德行不同於純粹理智的德行，但是他們仍然是理性動物的德行，因爲人類的嗜慾與情緒潛在地是理性的，意思是說人類的情感和想要可以由評價性思維形成，或者說可以對其加以回應。人類的情緒和嗜慾因而不同於動物的情感和想要，後者不是以前者思考的方式進行思考。意即在思維的品質以及在與思維相關之情感與慾望的品質中，作爲人類生活的各種生活會彼此相互有所不同。思維和情感及慾望越優質，生活就更加美好或快樂。而且人類的德行或卓越會包含某種好的推理，也會涉及情緒及嗜慾與理性之間的相互一致，情緒及嗜慾被理解爲準理性的（quasi-rational），因爲他們可以受到理性與訓練的影響。在特定的人類生活中，相關的心理能力的組織天生是有等級秩序的，功能運作良好或過上美好人類生活的一部分將是在維持該秩序。亞里斯多德從不假裝要在描述性和規範性之間進行嚴格區分，自然是具有規範性的。情緒和嗜慾必須要和理性相一致，從這個意義上來說，就是服從理性，理性是天生的治理者。

在這裡有一進一步的主張是此種生活會是愉悅的，同時在二方面是如此的：免於理性或信念與慾望或情感之間的衝突，以及知道無數事物當中何者才是眞正、客觀與自然地令人愉悅的，因而是持續快樂的可靠源頭，人們是可以從中享樂的。雖然幸福因此是等同於遵行德行的生活，但是亞里斯多德也給予所謂「外在善」（external goods）一個角色（《尼各馬可倫理學》，1099a31-b8）。這些是與自我不同的事物，亞里斯多德想要承認它們會影響生活的整體品質。擁有家人與朋友、家人與朋友的福祉及充足的物質善，充足到不只是滿足基本需求，而且足以讓人能夠行使那些需要有工具的德行，所有這些都會讓卓越或德行的生活更加美好。令人禁不住要把外在美從清單上下架（它正好排在有好的出身與好的子女之後），視之爲只是出自亞里斯多德的文化偏見，但是古代的雅典文化幾乎不是具有這種特定偏見的最後一位。那麼，最好的生活會是德行填補上了必要之外在善的生活。納入外在善要小心地加以限定：德行是過上幸福生活所絕對必要的，假使它不足以讓人過上理想生活的話，它至少能保證擁有它能比沒有它的人過上一個更好生活。任何一位正確地理解幸福之本質的人，他會致力於依據德行來過生活，或者是像是具有卓越品格那樣的人來過生活。

這並沒有針對應該如何來過人的生活提供精確的圖像，原意也不是要這樣做。《尼各馬可倫理學》剩下的大部分是在描述只有這樣初步被表明的德行，而不管所描述的是什麼，具解釋了良好理性生活的良善。如同亞里斯多德本身在此論證中此時描述這個情境，重申這個要點——這整個的最終是政治專門技能的事，這牽涉到政治社群的這種善：

> 由於幸福是靈魂依循完全德行的活動，所以我們應該檢視德行，這樣我們可以對幸福有更好的理解。而眞正政治的專家似乎是最爲關心這件檢視德行的事，因爲他想要使公民成爲良善並遵行法律。（《尼各馬可倫理學》，1102a5-10）

爲了要對此美好或卓越生活有更加有用的描述，所需要的是某種人類生活更加詳細的圖像。好的思維應該是要有關於什麼的？而且是何者讓這種思維是好的？好的慾望應該致力於追求什麼？而好的情感應該是關於什麼的感受？鑒於對理性的強調，很顯然某種智力會是這個故事的一部分，然而是關於什麼的智力呢？如果品格德行的這個理智成分是關於此種人類善的普遍性知識，即實踐智慧，那麼這種知識看起來像什麼？它不會是一種詳細說明某個單一目的的原則，因爲這個目的是德行本身。如果有某個所有良善行動的目的，那麼是該目的而非此良善行動將會是這個人類之善。因此，只要是幸福論理論（endaimonist）和（古典）效益論（utilitarian）理論都以幸福作爲某種最終的目的，這兩者表面上的相似性會導致對這些古代看法的嚴重誤解。幸福並不是某種可以以其最大化爲目的而任意加以詳述的善，如同效益論者把幸福等同於快樂一般，而是一種要加以經歷的生活。幸福不能適當地理解爲主觀決定的，或者就簡單地視之爲一種愉快的經驗。因此，對亞里斯多德而言，某人認爲他過著美好的生活是幸福的，但實際上這卻非常有可能完全是錯的。把德行說成是所追求的目的，這也不太正確，如同當亞里斯多德的見解被描述爲完善主義（perfectionist）時，有時候被認爲是這樣的：因爲所追求的目的並不是作爲某種可欲的靈魂或心靈之狀態的德行本身，而是那只能由擁有德行的人來經歷的生活。那麼，對於人類生活之正常歷程中人們需要加以思考的，不管它是什麼，要確認幸福就會需要對此有某些統整的普遍性理解。

對於好人必須能夠正確地加以愼思的事物，亞里斯多德的德行清單的確可以說是初步地加以羅列了。雖然在統一亞里斯多德清單上的所有狀態上，並沒有任何簡單的模式或原則，但是對於所想到的構成人類生活的各種不同特有活動或功能，則似乎清楚地構想出一個概括的觀念。這些並不是和所有可能的人類生活一齊存在的德行，也不是打算要成爲這樣，雖然亞里斯多德一直等到在《政治學》之中對社群有比較廣泛的描述時，才簡要地強調這一點。這些是男性統治階級成員的德行，所有都說是和正確抉擇或決定有關的品格狀態，具有被描述爲避免任何方面之極端的正確決定，或者以亞里斯多德比較明確與準技術性的術語來說，此正確的決定在於中庸之道（the mean）（《尼各馬可倫理學》，1106b36-1107a6）。這並不是對一切事物總是要適度的一般性提議，把良善的行動或品格描述爲在某些方面不能是過度的或不及的，就此而言這種說法在某種意義上是不那麼具有實質性。例如：一個人（準確來說是一個男人）在許多不同方面會是不勇敢的。基本上過度恐懼使一個懦弱者成爲不勇敢的人，而魯莽者也是不勇敢的，因爲他們具有過少的恐懼。有一種德行涉及妥善處理金錢，有些人出錯在於揮霍太快、在錯誤的地方或在不對的人身上花錢，有些人則是錯在因爲沒有道理地囤積財富。這一切都沒有排除這樣一種可能性，即有些情況可能會要求要非緩和的活動或感受，例如：巨大的恐懼或一點也不感到害怕；或者是要給予巨額的金錢，或一點也不給。

不同的德行和不同的活動或感受領域息息相關，並沒有提供任何一般的組織原則，也沒有任何明白易懂的原則。首先，在此清單上的是勇氣（courage）與節制（temperance）這兩種德行，它們相關於靈魂的無關理性部分而被劃分出來（《尼各馬可倫理學》，1117b23-24）。它們也相關於擁有較少理性的動物所共享之感受與嗜慾、基本野獸似的恐懼及對於食物、酒與性的基本生理嗜慾。勇氣主要是軍事的德行，勇敢的人一般來說會對恐懼的事物做出合適的對應，但主要是針對戰場上死亡的危險（《尼各馬可倫理學》，1115a28-35），恐懼和自信是兩個會引發不適當回應的情緒。節制的人適當回應對食物、酒及性之動物性嗜慾的對象（《尼各馬可倫理學》，1118a23-25），對於任何這三者的過度（或者不足，雖然這是少見的）嗜慾會是此種德行的失敗。假使這些嗜慾運作得當，他們會和健康保持一致。接著勇氣和節制這兩者似乎是促進某些容易指明之目的的狀態，一者是戰爭的勝利或城邦的保護，另一者是身體的健康。接著的兩個德行是有關財富的中庸之道，氣派大方（magnificient）的人知道如何花用非常大額度的金錢，慷慨（liberal）的人在比較一般額度金錢的給予與取得方面能切合中庸。提到未能適當花用財富的不同原因，例如揮霍的人給予太多或給予不對的人，或往往向不對的人取得財富，在自我放縱是缺乏適度或節制這種德行方面，揮霍的人可能就是愚蠢的或自我放縱的（《尼各馬可倫理學》，1121a25-27, b7-10）。此種透過指出惡德（vice）常常會重疊的方式④，對慷慨的討論也暗示爲何亞里斯多德認爲不具有他所講的其他德行是不可能具有任何一項德行（《尼各馬可倫理學》，1144b32-1145a2）。隨後的三個德行是有關榮譽，寬宏大志（*magnanimous*）者或偉大心靈者配得上莫大的榮譽，同時認同自己是值得這樣的。野心勃勃和缺乏抱負之間有找不到名稱的中庸，所涉及的是比較普通層次榮譽之價值的適當評估。

---

④ 本書中的「vice」常見的中文翻譯有「惡行」、「惡德」或「惡習」，這三種譯名各有其言之成理之處。相較於使用「vice」來翻譯希臘語「*kakia*」，「fault」（缺點）、「defect」（缺陷）、「flaw」（瑕疵）可能是比較自然的現代英文（J. A. Ackrill and J. O. Urmson, 'Note on the Revision'. in *Aristotle: The Nicomachean Ethics*. Trans. by David Ross(pp.xxv-xxviii). New York, Oxford: Oxford University Press.(p.xxvi)）。——譯者注

好脾氣（good-temperedness）的德行是有關憤怒的中庸狀態，它最初並非列出和榮譽有關，但是因爲憤怒是針對所知覺到對個人榮譽的輕視而產生的回應（《尼各馬可倫理學》，1126a6-8），因此它看起來和前兩者有關，無疑地是因爲這個理由而立即列在他們後面。接下來的三個德行和社會關係有關，德行的有些部分是對他人親切友好但不諂媚、誠實面對自己以及交談上的機智。

最終，我們談到正義（justice），它被提出來並有望成爲下列兩者之間一種明確的區別：正義作爲總體而言德行或善的一個名稱，以及作爲至今所羅列所有其他德行之中某個特定德行的名稱（《尼各馬可倫理學》，1129a32-b1）。在後一種較狹義的形式中，它不同於其他涉及相同對象、像金錢與榮譽之類可分享之善的德行，它是由對這些可分享的善採取視之爲可分享的適當態度所構成的。不義的人從這個意義來說是貪心的、貪婪的或不公的。拙劣花用自己本身的財富，這是慷慨的失敗；偷竊他人財富則是正義的失敗。正義的人知道如何公平地分配善與如何矯正所犯的錯誤。一般來說，此德行會展現在像分配或安置財富或榮譽之上的公平。如上述所提及，這種作爲公平的正義是清單上其他德行之一，但是正義也可以就是整體的德行，在這個較廣意義下正義的人就是好人。如同較狹義種類的正義挑選出可分享之善的關係層面，此廣義下的正義是「涉及他人的完全德行」（《尼各馬可倫理學》，1129b25-27）。由於這兩種說法的正義是正式的社會德行或關係德行（relational virtue），所以這會是在《政治學》之中起最重要作用的德行，這一點並不令人驚訝。然而，因爲此廣義形式的正義只是其他所有德行結合在一起，並且特別地被視爲是社會德行，所以這實際上並沒有從此圖像中消除任何東西。所有德行可以說是那被描述爲根本上具有社會性之品格狀態的一部分，這一事實再次強調亞里斯多德對於美好人類生活此一觀念是作爲在某種政治環境中所經歷的，同時是作爲一個社群的成員所經歷的。

因爲亞里斯多德僅僅是假設這一要點，所以他並沒有對此反覆加以說明。雖然如此，如同一開始以來的情況，也如同一致性所要求的，對於運用在好的行動之中以及因此也運用在過好的生活之中有關人類善的這種知識，說它是眞實的知識，而不是意見或感受，此想法仍然維持不變。如他所說的，德行是：「一種與抉擇有關的品格狀態，此抉擇存在於相對於我們的中庸，而且是如同具有實踐智慧者決定此抉擇的方式來加以決定的。」（《尼各馬可倫理學》，1106b36-1107a2）。所提到的相對性並非指相對於特定行動者的一時興致或好惡傾向，而是相對於像人性的東西，此「相對於我們的中庸」是對立於純粹算術平均數。正確的抉擇是由知道此種人類善是什麼樣的人所作出來的，這是重要而必須加以理解的。有些需要加以認識的事物並不代表那是容易理解的，而亞里斯多德並不是沒有感受到這項困難。

> 在每種情況下，要找到中庸是困難的，就像例如並非每個人都能找到圓圈的中心，只有知道的人才能做到。所以同樣地，雖然每個人都會生氣，而且是不費力就會生氣，就像是贈送或花用金錢一般，但是要針對適當的人、以適當的數量、在適當的時間、爲了適當的理由，以及以適當的方式來做，就不再是每個人都能做到或不再是毫不費力的，這就是爲何表現得好是罕見的、受到稱讚與高尚的。（《尼各馬可倫理學》，1109a24-30）

所要加以知道的事物是複雜的，必須對不同的行動情境有細心與明智的評估，不過原則上有某些事物是要完全清楚無誤加以理解。這個德行觀念在心理上或智力上都是苛求的，在亞里斯多德看來，它是和寬容的態度密切結合的：「我們不斥責在作得好上面有些微偏離的人，不管他們是偏向過多或不足；但是斥責大幅度偏離的人。（《尼各馬可倫理學》，1109b18-20）。」

在廣義正義的情況下，在它和法律緊密聯繫的範圍內，亞里斯多德關於此種善之客觀性的看法有非常細微地具體說明。在這裡他進入到了當時長期存在的對於正義的爭論，即它是基於自然（*phusis*）或基於人類的習俗（*nomos*）。如亞里斯多德所詮釋的，以及在他之前柏拉圖似乎主要是這樣詮釋的：習俗的觀點看起來像是一種相對主義。不同的城邦實施不同的法律，那麼這些法律對這些地方以及在這些地方就成爲了正義。（*nomos* 這個字譯爲習俗，它也作爲法律來理解，不過就即使當理解爲法律時，它不只包含成文的規章，也包含不成文的文化期待與規範。）從這個觀點來看，一旦法律已經實施了，那就是全部所要說的，毫無進一步訴諸任何抽象的普遍標準，每個特定法律系統的創立者都說其系統是公正的，沒有抽象的普遍標準以供比較，俾能說明不同特定法律系統的優劣，或者說何者就是不公平的。一些智辯家（sophist）顯然提倡這個觀點的某些說法，柏拉圖賦予這些智辯家不好的名聲，不過他們也可說是非常才華洋溢的哲學家與教師，因此或許並不像柏拉圖及亞里斯多德所喜歡想的那樣與他們兩人有所不同，這種相對論最爲有名的古代支持者或許是智辯家普羅達格拉斯（Protagoras）。現存最生動的描述文稿出現在一些柏拉圖的對話錄中，在當中這些看法被視爲是對正義與政治秩序的嚴重威脅，在某種程度上，則不再被亞里斯多德視爲是威脅的。比起柏拉圖所做的，亞里斯多德到頭來並沒有更加贊成這個見解，然而他處理此議題的方式具有不同的特徵。亞里斯多德在一個不同的脈絡下相當明確地表達了處理爭議性問題的方式

（《尼各馬可倫理學》，1145b2-7），雖不總是如此但他卻常常採取這種方式。他羅列了有必要將其作爲討論主題的難題或疑問，接著蒐集他人就此主題所已經提出的主張，隨即嘗試指出每個人或幾乎每個人都是正確的，或者至少部分是正確的。不用說，這種方法的成功必須對某些公認的意見進行調整，因爲他們如同最初提出那樣的常常是不相容的，他對「自然—習俗」此問題的處理就是一個恰當的例子。對於任何不預期上述所描述之處理方式的人來說，亞里斯多德以會讓這些人感到相當震驚的方式開始討論此問題：「政治科學同時是自然的與約定俗成的」（《尼各馬可倫理學》，1134b18-19）。他繼續解釋說不管對任何人而言什麼看起來是公正的，天生公正的就無處不是公正的；然而只是法律上或習俗上公正的，只是經由某種立法才變成這樣，先於立法它既不是公正也不是不公正。但是首先是習俗觀點的羅列，繼之以亞里斯多德對此爭論的解答。

似乎對某些人而言，一切公正的事就是這樣，因爲出自自然的事物應該是不變的，並且在所有地方都相同的，像不管是在這裡或波斯（Persia）都會燃燒的火焰，而他們看到公正卻是變動的。從某個意義來說這是對的，但從某個意義而言也卻是不對的……有些事物有可能同時是自然的和完全變動的。但是，出自自然的和不是出自自然的兩者之間有所差異。在會出現不同的事物當中，何者是出自自然的；何者則不是出自自然而是約定俗成或協議的，這是清晰的。儘管事實是這兩者相似地都會變動……右手天生是比較強壯的，雖然每個人都可以是雙手靈巧的。經由協議和符合好處而成爲公正的事物，像是量器；在每個地方酒的量器和穀物的量器並不相同，在批發市場的比較大，而在零售市場的比較小。類似地，不是自然的而是人類發明的公正事物並非各地都相同，因爲體制並不是都是一樣的。然而，在各地依照自然只有一種體制是最優的。（《尼各馬可倫理學》，1134b24-1135a5）

這裡的要點似乎是這個推論確實是錯誤的，也就是從有不同地方使用不同的公正標準，推論到關於這些不同標準的正確性這件事並無任何客觀的事實，亞里斯多德將之認定爲習俗論情況中的核心要點。這種多樣性有另類的解釋，即凡是涉及人類判斷與行動的地方，而且這些判斷與行動是要加以解釋的，就會有錯誤的機會，或事實上會有本性的扭曲。因此，關於右撇子與雙撇子的要點：作爲一個生物天性的事實，亞里斯多德認爲我們是使用右手的；廣泛的右撇子不是因爲某種人類的習俗或一時的興致。雖然我們能夠加以改變，而我們這樣做的時候改變了本性。對於更具有政治重要性的事物，情況也是一樣的。有某種對於任何既定城邦都是最公正的政治安排，但是某城邦是否能擁有該體制，這要看負責人的智慧。不像真正完全是習俗的事物，而且不僅僅是會犯錯的人試圖找出自然的正義，在人們開始爲任何特定城邦制定任何特定的體制之前，有關城邦之體制結構中的正義，是有一些需要說的，這是重點所在。這是常有的事，常常可以看到當亞里斯多德佯裝在某個爭論的雙方都找到眞理時，他在這裡不是眞正授予習俗論觀點或相對主義觀點任何東西，因爲他們所論述的只是說談論自然的公正是沒有意義的。關於眞正反覆無常的事，除了需要有確立的慣例之外，有時候有需要制定法律，換言之，一些細小的事就只是人類的習俗，實際上承認這些並不是指下列的主張得以保持不變，即所有正義就是約定俗成的事。可能有些事情在道德上是眞正中立的，無論是犧牲綿羊或山羊，或者是量酒器的大小。不過，可能經常有令人信服的理由要對於這些事制定某個規定。要有某個犧牲或要以某個標準方式來量酒，可能是正義的直接要求，但從正義的角度看來仍然是隨意的，至少在制定要遵守的法律規定、要以什麼作爲犧牲或量器的大小之前情況是如此的。能夠區分下列兩者：只是這種約定俗成方式的習俗性正義或法律和應該也是自然正義之習俗的或法律的正義，那麼這會是政治專家或具有實踐智慧的人所要知道的另一部分。最後，這可以和亞里斯多德以德行是可加以客觀確定的概貌完全平順地融爲一體。

那麼，從各方面來說，對於恐懼的事物（尤其是戰場上死亡的風險）、食物、酒、性、金錢與榮譽（同時指他自己本身的與他人的），全然良善的人會有適當的理性評估及情緒反應。與他人互動親切友好，甚且能夠展現出機智，眞實面對自己。《尼各馬可倫理學》中也有完整的兩卷（第八和第九卷）專門以友誼（friendship）爲主題，基本上這是指任何相互主動地直接關懷特定他人的關係。良善的人會結交一些其他品行端正的人、他的家庭成員和同胞作爲朋友，雖然在強度上會有很大不同。從各方面來說這個德行目錄是一份混雜的清單，它不只是人們在柏拉圖那裡可看到之傳統的、比較簡短的清單。這些不同德行的發現或相互區分，並不是經由把不同的情緒和嗜慾排列成行，再關聯某個德行和每個情緒與嗜慾，也不是經由連結到不同的對象，有一些德行的描述並不參照到任何特定的情緒或嗜慾。有幾個德行是涉及到相同對象的，如所提及的，特別是正義（狹義下相當於某種公平）和其他有關財富及榮譽的德行。此外這個清單也不僅僅是留意某個個別的靈魂及其成分而獲得的，德行不只是關於每個情緒與嗜慾的適當狀態。也不是透過審視某個孤立的生活而形成此一清單，這些德行不只是有關人類情緒及嗜慾之典型對象的適當狀態。亞里斯多德沒有說明是什麼促使他列出這些特定的德行，然而他一定有考慮過這個問題，因爲他的清單要比傳統的更長。考慮到無法藉由審視某個個別靈魂的成分來完全明白這個清單，那麼是經由審視這些特性使其成爲美好生活的這種生活而獲得此一清單，這種想法似乎是合理的。對於與他人共同居住於城邦中且會遭受外在威脅，同時有需要並且會相互競爭外在善的動物來說，這些德行看起來的確是他們所需要的。從這個角度加以審視也開始解釋他們還不到普遍應用的程度，在相當狹義的理解下勇氣作爲一種主要爲軍事的德行，它的定位暗示著這些德行侷限於某種男性階級。如上所述，這點會在《政治學》之中顯露出來，亞里斯多德在這裡是把此城邦視爲一個整體加以審視。亞里斯多德所羅列出來的德行只是構成其觀眾這些人的德行，也就是會組成統治階級的人們，他在《倫理學》之中覺得沒有需要提及這一點。亞里斯多德主張這些德行在涉及到他人之下的運作是完全的德行，不管如何大部分這些德行只能以這種方式來運作（《尼各馬可倫理學》，1177a30-32），而且法律上規定的這些行動是著眼於共善（《尼各馬可倫理學》，1130b25-26），這些主張強調了亞里斯多德心中想到的是這些德行對此城邦生活的助益。

成爲良善的人多少和自然的稟賦與傾向、開始於童年的良好習慣養成有關，它是和一些基本的好運有關的事。由於需要加以適當引導的情緒和嗜慾無法隨興地加以調整，而且他們是有可能影響理性而非受到理性的影響，所以他們需要從早期就加以培訓，而且終其一生都必須強化這種鍛鍊。政治的專門技能與特別是立法的專門技能之目的，顯示出德行發展中加強習慣的重要性。「立法者經由習慣養成（habituation）培養好公民，這是每個立法者的意圖，沒有做好這件事的立法者未能達成他們的目的，好的體制和壞的體制兩者的差別就在這件事上面」（《尼各馬可倫理學》，1103b3-6）。

一旦養成這些習慣，完整的德行也要求對這些習慣進行明智與熟練的反思。這不是一件容易的事，不是每個人都能這樣做。以《尼各馬可倫理學》相當明確視之爲對象的人來說，這些人依據其自然稟賦及早期培訓，可能獲得實踐的或政治的智慧是相當合理的。同時也指出因爲這是一件實踐的事情，他們也會需要人類行動的經驗。年輕人能夠擅長於數學，但在政治學則無法如此。致力於使城邦幸福或美好，在這種最終目的的發展當中，《尼各馬可倫理學》打算作爲最終智性成分的一部分，而其他部分則由《政治學》提供。這種教導是針對天生具有好性情和智力的人們，這些人接受好的養育，因而能夠成爲善於治理他人的人們。這種教導一部分是經由描述個人的德行或幸福是什麼而呈現的，也就是藉由談論所有亞里斯多德在《尼各馬可倫理學》當中所談的。不過，他在結尾的地方承認這是不足夠的。

> 如果我們是經由法律而成爲良善的，那麼任何人想要透過他的照顧讓許多人或幾個人成爲善良的，這樣的人就應該試著成爲立法的專家。因爲不只是說任何人都可以讓和他一同出現的人成爲善良的，假使有任何能夠做到這一點的人，那麼他是具有知識的人，正如同在醫療或其他必須要有某種關懷與智慧之技藝的情況。（《尼各馬可倫理學》，1180b23-28）
>
> 我們的前人遺留下來未加以檢視的立法題材，或許我們自己應該加以審視，也該審視此體制，以便儘我們所能地完備哲學之中有關人類事務的部分。那麼，首先假使先來到的人已經把任何細節的部分說得很好，讓我們加以檢視，接著從所蒐集的體制探究何種事物破壞或保全城邦或

每個體制，以及爲何有些是治理良好或有些是適得其反。在研究這些事物之後，我們會更加認識到何種體制是最好的、每個體制是如何進行管理的，以及使用了何種法律或習俗。（《尼各馬可倫理學》，1181b12-22）

這把我們帶到《政治學》，《政治學》處理《尼各馬可倫理學》結尾處所說需要從事的以及更多。亞里斯多德的作品都不容易閱讀，而《政治學》尤其困難，當這個困難是從更加容易理解的《尼各馬可倫理學》來著手處理時，因爲是本應這樣來加以探討，這裡的困難或許是被誇人的。因爲注解在幾乎所有亞里斯多德的作品當中都不是線性的，提出問題並加以回答，接著之後再次以某種限定的與更加微妙的方式加以回答。或者至少合理的寬容要求人們試著這樣來看待注解。有時候論證的進展像某種獨白中的蘇格拉底對話，當然這不是要加以遵循的最簡單之對話，或甚至作爲對話加以確認。從一個主題到另一個主題的轉移經常是被迫的，看起來像是來自於後來受挫的編輯者所添加的，或者說根本就是不存在的。傳統上留傳下來給我們的亞里斯多德作品並不是潤飾過的短文，而是講課的筆記（更可能是亞里斯多德自己的而非某位學生的），這似乎可以解釋許多經常令人沮喪的品質。此外，《政治學》具有明顯未加以完成這種不尋常的特點，這對亞里斯多德的著作來說這樣也是不尋常的：最後卷顯然並未完成最初所著手的（它不完全停止在中間的句子，但多半會停止在中間的段落。）《政治學》整體而言也充滿了涉及此作品其他部分的參考資料，但是這些允諾會提供討論的其他部分在現存文本中都沒有出現。連能夠成功提到某些事物的參考資料，都讓這八卷的連貫排序成爲不可能，而只是讓事情變得更糟。這導致十九世紀晚期和廿世紀的研究者們早期出現一項曾經影響一時之習慣，即把卷七和八插入在卷三和四中間，如同紐曼（W. L. Newman）在他的（上）世紀之交具有權威性的四冊文本與評論中所做的一般。這種明顯的脫節即使對一種亞里斯多德的文本而言是極端的，加上內在參考資料上的紊亂，似乎經常反映出一種更實質性或哲學的脫節或甚至是不一致。

我們所擁有的文本包含依下列順序的主題討論。首卷自述作爲此城邦的一項分析，是經由把它分解爲組成部分來進行的。城邦的主要部分是家庭，最一般層級的討論用來決定此家庭主管的主要任務是什麼。這引發了兩個特別和家庭有關之問題的討論：奴隸制度的確證和財富的角色，傳統上獲取財富被視爲是家庭的目的。在本卷結束的地方，簡要描述每個家庭成員能獲得之德行種類的差異，以及清楚陳述逐漸教導家庭成員德行要比獲取財富更加重要。對於接著所要討論的政治安排來說，這看起來都是十分自然的。雖然在《尼各馬可倫理學》的結尾並沒有提及，但是這看起來和在那裡所概述的計畫並沒有不相容，而且很容易明白它會看起來像是必要的舞台布置和導論。第二卷是歷史與文獻的回顧，用意在爲了提供接著要處理政治安排與體制的背景。其中給予柏拉圖的《理想國》（*Republic*）和《法律篇》（*Laws*）最詳細的關注，不過也認眞地關注法勒（Phaleas）和希波達莫斯（Hippodamus），如同是處理斯巴達（Sparta）、克里特（Crete）和迦太基（Carthage）的體制一般。實際上在《倫理學》結束的地方有提到這些，而且是相當合理地有意放在分析體制形式的前面。第三卷包含對於體制之中的公民德行（citizen virtue）和卓越或正義的一般討論，這一卷也似乎包含了處理體制形式之中開始階段自然會出現的材料。緊接著的是討論不同類型的君主政體（monarchy）和貴族政體（aristocracy），兩種涉及由良善者從事治理的形式，同時考量對一個既定的城邦來說，什麼時候這兩者的任何一個是最好的安排。隨著第四卷出現複雜難題，這一卷在初期相當明確說道，政治科學的任務所要描述不只是最好的可能體制安排，而且也是在不同情況下最好的，同時其任務在提供某種有助於保全任何體制形式的建議，含意上包括了最壞的體制形式。直到第七卷才開始討論這種最好的形式，也就是相稱於最佳情況中最好之人們的這種形式，隨著繼續進入第八卷，顯然停留在描述對於不同年齡聽眾之適當音樂和諧的中間。卷四剩下的部分加上卷五和卷六，處理所有較不是理想的情況，儘管卷五對於體制之毀滅或保全的討論，其中有一些說法照理說相當廣泛上說得通。同樣地，最後兩卷提出關於不是狹隘理解之治理結構的事情，所提出的一些建議可能照道理可視之爲適用於非理想情況。

因此，如所述事實上亞里斯多德有表明，在卷七和八（以及或許卷三結尾討論君主政體及貴族政體當中，這些應該是理論上最好的體制形式）的材料和從卷四至卷六的材料之間是有差異的。後者聚焦在更加尋常的政治安排，主要在處理當時希臘兩種盛行的安排，縱使在這兩者是由追求其本身利益而非追求共善的團體所統治的範圍內，他們在亞里斯多德正式的排名是「異常」或不正確的體制形式，即寡頭政體（oligarchy）和平民政體（democracy）⑤。似乎對某些人來說，這些部分之

⑤ 在亞里斯多德對於政體的分類中，依據掌權治理者的人數及所致力追求的目標，區分出六種政體。當分別由一人、少數人或多數人來掌權治理，並且是致力追求共同利益，這三種是正確的政體，分別稱之爲君主政體、貴族政體和公民政體。如果是致力於追求私利，那麼所形成的是錯誤的或蛻變的政體，分別稱之爲僭主

間的差異反映的不只是詢問不同的問題，畢竟依亞里斯多德的說法這些問題的回答是必須的，而且反應了對於政治哲學之正當目的的不同理解，或者至少是關於政治學或關於政治哲學的某種不同的調性。其進而產生常見地把中間幾卷（從四至六）描述為「經驗的」（empirical），而最後兩卷為「理想的」（ideal）。這個用來描述此差異的特定語彙可能是一個遺留物，出自一個不再具有吸引力的發展故事，是有關從柏拉圖主義的（也因此是「理想的」）階段轉向亞里斯多德主義的（也因而是比較眞正經驗主義的）階段。也就是說，這裡的假設是中間這幾卷和最後兩卷敘寫的時間有所不同，而且所聲稱內容的差異在解釋上則是因為亞里斯多德在不同時間的不同見解使然。那麼這種不同的見解或許可以這樣解釋：要不就是起初他作為他的老師的弟子，隨著成熟發展了他自己的見解；要不就是他開始的時候是作為一位自大的年輕人，之後到了成熟時才領悟到他的老師之學說的智慧，因為他早期年輕氣盛所帶來的愚蠢與無知，他把這些智慧拒於門外。

關於卷數排列順序的問題，以及有關亞里斯多德之知識發展的問題與假說，現今不被視為是特別迫切的議題，而我認為這是相當正確的。無論如何，《政治學》根本就不是一個潤飾過而具有統一性的文學作品。最好把它當作是一堆演講筆記或講稿，出自一位對於如何安排城邦具有廣泛興趣

政體、寡頭政體和平民政體。參見顏一（二〇〇三）：〈序言：智謀與公正〉。載於亞里斯多德（Aristotle）著，顏一、秦典華譯，《亞里斯多德：政治學（雅典政制）》。臺北：知書房出版社，頁十五。因此，這裡把「democracy」譯為「平民政體」，本書底下第三章會針對這些政體的劃分加以說明。——譯者注

的思想家。如果以這種方式加以處理，一點也不期待任何既定章節的主張是和所有心中清楚記得先前章節的主張相互符合的方式組織起來的，那麼讀者會對它的範圍和微妙感到印象深刻，比較不會以它作爲學說之眞實說明上的不足而感到沮喪。亞里斯多德把他在《政治學》當中所詢問的整個問題當作是政治專門技能的一部分，這個事實是此一著作最具吸引力的地方之一。當他宣稱知道在所有情境中所要加以從事的事是政治之專門技能的一部分之時，無論是最好的到最糟的情況，完全沒有任何理由不相信他的話。雖然出現不一致是難以避免的，且在開始著手所描述的計畫時，這或許是一項具體的危險，但是沒有理由認爲就只因爲最好和最糟的情況同時都被檢視的情況下，加上進行檢視的目的是在主張某些具有實際用途的東西，就說它必定是不一致的。

在下一章我會談論第一卷，這包括有關此城邦之自然性的論點，也包含了針對含有奴隸在內之傳統家庭組織聲名狼藉的辯護。這一卷也包括亞里斯多德唯一存續下來有關財富的討論，提出來作爲一個問題，也就是關於獲得財富在管理或治理家庭之中所處的地位，其中獲得的財富包含奴隸在內。我會在適當的地方使用亞里斯多德在第二卷的評論，這些評論是關於其他作者和現存的體制形式，更恰當的說，我在往前進展時它們有助於解釋一些他所提出之具有價值的要點，而不是描述第二卷本身的內容。第二卷當中的材料相當容易理解，除非有人想要關心亞里斯多德在描述他人看法上有多麼準確與公正，特別是對於柏拉圖的看法，不過不管多麼有趣，這個主題會讓我們離現在的目標太遠。亞里斯多德的思想和柏拉圖的思想兩者的關係是複雜的，不過第二卷當中對於柏拉圖思想的評論，如果將此視爲顯示出亞里斯多德以任何深奧或重要的方式超越柏拉圖所設立的框架，這會是這些評論給人重大誤導的印象，這確實是值得指出來的。在這兩個人之間學說上有眞正的分歧，不過在協助《政治學》的讀者確定自己在該文本中的位置這件事上，幾乎沒有比熟悉柏拉圖的《理想國》（或其《法律篇》，但是就可到達的程度來說，這已經是走向《政治學》領域了）更有幫助的。跳過第二卷，我在下一章會繼續著手第三卷和此卷關於公民及體制之卓越與正義的論證。此際我也會帶進一些亞里斯多德有關友誼的評論，以試圖完成他對公民之間可欲關係的描繪。最終我會查看亞里斯多德關於體制之問題所給的回答，這是在第四卷開頭的地方所概述的。我會從他在卷七和卷八之中對最佳城邦的描述開始，接著回到他在卷四至卷六對於其他者的討論，而會認為對於體制形式各種重複的與不同調性的整個討論是一個融貫的計畫，接著會繼之以一個簡要的結論。

進一步閱讀的建議

我在底下會聚焦在《政治學》，然而也有一些亞里斯多德觸及相同主題的其他作品，儘管所涉及的不是絕對至關重要的地方，但是這些作品在理解《政治學》之中的論證上證明是有幫助的。《尼各馬可倫理學》是極為重要的，除此之外也有《優德勉倫理學》（*Eudemian Ethics*）和《大倫理學》（*Magna Moralia*），後者只可能是亞里斯多德的相當簡短作品。《優德勉倫理學》有三卷是和《尼各馬可倫理學》相同的，其他部分則涵蓋幾乎相同的範圍，但是廣泛被認為是較早的時候寫成的，而且整體上是更加沒有經過潤飾的。我依循了相當典型的作法，即以《尼各馬可倫理學》

作爲標準的文本而忽略其他的。關於這兩件倫理學作品之間的關係存在著有趣的問題，不過只能由專門探討該主題的作品來適當處理這些有趣的問題。《修辭學》旨在提供如何引發不同之人類情緒的建議，它也彰顯出相當多有關希臘的政治文化。《雅典政制》（*The Constitutions of Athens*）如其名稱所示，它是雅典體制變遷的歷史，不管是不是由亞里斯多德親自所寫，它含有存在亞里斯多德在《政治學》之中思維後面的訊息。如果這部作品沒有別的好處的話，就把它看作是相較於《政治學》本身這個文本來說，其優點是甚至更能提醒亞里斯多德的思想是多麼好地安置在歷史的政治事實之中。亞里斯多德不是思考體制形式的第一位希臘人士，甚至在柏拉圖之前，似乎已經有某種參與相當抽象之政治論辯的習慣。從 Gagarin 和 Woodruff 的 *Early Greek Political Thought from Homer to the Sophists*（Cambridge University Press, 1995）來開始審視主要的出處，這是一個很好的出發點。針對前（pre-）和後（post-）Aristotelian 古代政治思想這兩者，由 Rowe 和 Schofield 所編輯 *The Cambridge History of Greek and Roman Political Thought*（Cambridge University Press, 2000）包含有許多有用的資訊和分析。要對古希臘有更一般的背景，參見 Pomeroy、Burstein、Donlan 和 Roberts 所著的 *Ancient Greece: A Political, Social, and Cultural History*（Oxford University Press, 1999）和 Cartledge 所著的 *The Greeks*（Oxford University Press, 1993）。要獲得有關亞里斯多德更一般的訊息，參見 Barnes 所著的 *Aristotle*（在 *Past Masters* 系列，Oxford University Press, 1982），或者要有更詳細的一般探討，參見 Barnes 編輯的 *The Cambridge Companion to Aristotle*（Cambridge University Press, 1995）。

第二章　治理家庭

作爲《政治學》第一卷流傳下來給我們的，不管是作爲政治哲學或明確作爲文學，都不是直接有吸引力的。它以亞里斯多德非常抽象地描述政治分析的基本單位——即城邦——作爲開始。假使這裡隨後所接的不是一些目標模糊的評論，即把針對經營城邦的專門技能和經營家庭的專門技能等同看待是多麼錯誤，那麼這不會是一個這麼不好的開始。我們接著得到某種對於家庭的描述，這些家庭神秘而「自然地」變成城邦。後面接著所談的是奴役此一物種的某些成員，使所有女性都處於從屬的角色，對於這種正義給予臭名昭著的辯護。某種對於貿易與商業之禍害的概述，看起來是以認眞建議取得壟斷作爲結束。因此，這一卷整體上看起來像是把費解的論點錯雜地集合成一體，所支持的結論範圍上從只是奇怪的，一直到完全令人感到厭惡的。對大部分的讀者而言，非常容易加以反對或推翻。

亞里斯多德在這裡有些結論是錯誤的，而且他的所有論點確實很難理解，然而只要不規避這些事實，用心加以探究將會有所回報。對於這些論點，其困難的大部分（雖然無可否認並非全部都是這個原因）是由於它們的晦澀。況且，理解鼓舞人心的及令人討厭的政治觀念背後之想法，尤其是當後者不幸地已經產生長期後續影響之時，這是重要的。雖然第一卷是困難的，但或許也正因爲它的難以理解，這一卷也是亞里斯多德思想極佳的導論。這裡所演示的探究方法是獨特的，它的內容栩栩如生地描寫了亞里斯多德的世界觀，尤其是在描述個別公民和其政治社群之間的關係以及它的目的論（teleology）上更是如此。

就本卷的結構及其討論在這個整體作品之中的位置而言，人們可能也會認眞看待文本中所出現的敘事，這樣就足夠了。經由分析此種政治社群來開始關於它的討論，因此把此種政治社群和其他種政治社群區分開來。如果需要理解此城邦本身的話，就需要理解這種城邦的組成部分。透過審視種種城邦的發展，可以找到其組成部分。因爲城邦主要是由家庭所構成的，所以種種家庭和他們的功能被加以討論。組成這種家庭的基本關係是「主—奴」關係、「夫—妻」關係與「父—子」關係，所有這些都必須被理解。傳統上家庭不只被認爲是財富累積的主要發生地，而且根本上也是爲了追求這項目的。的確，儘管在《政治學》之中事情不是如此簡單，但是亞里斯多德自己在有關種種目的的某些一般性評論之中，於《尼各馬可倫理學》開始的段落裡，把財富列爲治理家庭的目的。因此，通常翻譯爲「家庭治理」的希臘字是「*oikonomia*」，亦被翻譯爲「經濟學」（economics），這不是偶然的。那麼，這是《政治學》之中討論財富的理所當然之處。因此本卷總體上成爲檢視此種政治善的合理開端，後面接續的是概述這種城邦的性質及其組成部分。

人類作爲政治的動物

亞里斯多德從描述此城邦作爲最至高無上或最高種類的人類社群開始，此種社群包含了所有其他社群。

我們看到所有城邦都是某種社群，而所有社群都是爲了某種善而建立的（因爲每個人都是爲了看起來是善的而從事一切事情）；雖然所有社群都以某種善爲目標，包含其他社群在內的至高社群則最主要是在從事這樣的事，以至高善爲目標。這就是所謂的此種城邦或此政治社群。（《政治學》，1252a1-7）

在這裡包含（inclusion）和層級（hierarchy）的語彙和《尼各馬可倫理學》開頭所使用的語彙是相同的，在那裡是用來描述某些探究或活動的目的是從屬於其他探究或活動的目的，在此亞里斯多德再次考慮到眞正從屬的關係。他說此城邦是至高且最包羅廣泛的共同體（koinōnia），並不僅僅意指它是一個人們廣大的共同體，其中也包含了較小的共同體和組合。他的意思是說所有其他任何大小社群的目的都從屬於此城邦所致力追求的這種善或目的，這也就是任何人會成爲此城邦之成員的理由，這個意思是更爲重要的。其他的種種目的是依據此政治社群的這種目的加以界定的，同時也是這樣加以解釋的，這正如同我們在《尼各馬可倫理學》中已經看到的所有其他目的一般，回到此《倫理學》當中的一個例子，正如同馬鞍是著眼於其用途而製造的。以此最初的主張，我們立即進入亞里斯多德的某種道德與政治架構。有些人把政治共同體的目的，看作是追求那些獨立確認之個人主義式目的上的保護或效率，但是此處所描述這種目的的層級顯然並非是某人的目的層級，此政治社群所追求的這種善不只是其每個個別成員之善的聚合。此政治社群不是獲取個人之最終目的的有用手段，如果假設是這樣的情況，此社群應該是要能夠獲致或促進諸個人的目的，而且它和它的目的是由諸個人的目的來加以界定的。但正好相反的是，諸個人的目的是以此社群更加終極之目的來界定的。人類從事其他的一切事物是爲了其最終目的，此最終目的就是此政治共同體的這項目的。

爲何此城邦位居於這個社群之層級當中所在的這個位置，爲什麼此最終目的只能在城邦中實現，這在第二章中加以解釋。簡單地說，答案是對人而言生活在城邦之中是自然的，也就是人類天生是政治的動物，或者說此種城邦是自然的。但是，這是指什麼呢？

亞里斯多德所提出城邦是自然的而人類天生是政治的此一主張，很容易被認爲他意指幾個不同的事物，這最終使得他在這裡或其他地方所說的沒有辦法言之成理。說人類是政治的，指的是他們依本能或不加思索地必然會形成城邦，這是初讀之下可能似乎是最爲顯明，而且似乎已經是湯瑪斯．霍布斯（Thomas Hobbes）的理解（《利維坦》II, 17）。如同霍布斯相當胡思亂想但有些詳細地指出來的，這明顯是假的。然而，亞里斯多德也知道這是假的。他明確地確認不是所有人類都已經組成、確實會組成或將會組成這種共同體，而且政治共同體是人類理性的產物，而非某種盲目的動物本能之產物。有一種其次而且也同樣立即吸引人的詮釋，來自聚焦在此城邦是自然的這項主張，而不是如霍布斯所做的專注於人類天生是政治的這項主張。亞里斯多德在其《物理學》（*Physics*）（II, 1-2）中有點辛苦地區分自然實存物（entity）和人工製品，而有人可能很好地想到當他在這裡說此城邦是自然的，這個時候所指的是在《物理學》那裡所確定的意義。那麼他會說此城邦像一棵樹，天生地具有改變及慣常發展的內部根源，並不像例如一張椅子，後者作爲人工製品並不具有這種內在根源。正如同一棵樹以某種有秩序方式發展的性質，從種子直到成熟，這裡的描述也是這樣的，城邦是從家庭發展出來的，接著成爲村莊，一直到可以說是人類共同體的這種成熟形態。實際上亞里斯多德有時候以帶有這種主張的方式進行陳述。

因此，每個城邦都是出自自然的，因爲實際上最初的社群就是這樣的。因爲這是他們的目的（*telos*），而本性就是目的；無論是人、馬或家庭，我們說每個事物的本性是當它發展完全時的樣子。此外，所爲著的或此目的是最好的，而自足則是目的及最好的。從這些事情清楚可見，此城邦是屬於出自自然的事物，而人天性上是政治動物。（《政治學》，1252b30-1253a3）

但是，如果亞里斯多德所意味的是使組成此城邦的這個社群成爲一個自我維護的與自我運作的實體，如同是《物理學》之中的自然物體，那麼，即使以他自己本身的理由來說，這會是一項錯誤。把此城邦視之爲某種實存物，確實它會看起來比較像一張椅子，必須要有人類的製造，比較不像是一棵樹。事實上，此城邦幾乎一點也不像一棵樹、一張椅子或任何像實體一般的事物，它是一種人類的活動。可是，說亞里斯多德確實意指任何形而上有問題的事物，這似乎是高度令人疑惑的，因爲在支持此城邦的自然性時，他從來沒有主張它具有任何可視爲《物理學》之中劃分自然實體和人工製品的特性。而且，說家庭在蛻變完成時是某個城邦，和說一顆橡子蛻變完成時是一棵橡樹，這兩者意義是不一樣的，因爲此家庭仍然是此城邦的一部分。不是說此城邦是一種自然的實存物，而是說此城邦對人類而言是自然的，人類天生就生活在某個城邦之中，這似乎事實上是這裡的核心主張。易言之，當亞里斯多德認爲此城邦是自然的，他是主張生活在某個城邦之中，也就是作爲某種社群的一部分，這對人而言是自然的，他並沒有說了任何超出這個主張之外的任何事物，它是一個主要關乎人性而不是關乎此城邦之性質的主張。

因爲家庭和村莊對人而言是自然的，加上只要最終能夠滿足所有需求的是城邦這種社群，它是家庭及村莊的完全或完善形態，所以這種城邦被認爲對人而言是自然的。這裡的論證是什麼呢？儘管人有繁殖的本能，但不僅僅是因爲出現家庭和村莊，而是因爲考慮到被亞里斯多德視爲人們之間的自然差異者，在滿足基本需求上必須要有這些共同體，所以家庭和村莊被認爲都是自然的。假設在家庭的情況中有追求安全的需求和繁殖的慾望，這使得由主人和奴隸與由丈夫和妻子所組成的社群開始發展。重點不只是說任何個人在達成這些目的上是需要幫助的，而是如同在繁殖的情況下明確顯現的，以需要被加以完成的任務而言，亞里斯多德認爲這些是必然要有不同種類的個人們來從事的不同種類之組成活動。

> 在丈夫和妻子之間，似乎存在著自然的友誼，因爲只要此家庭是先於此城邦且比此城邦更爲必需的，而且人更廣泛地和其他動物一樣要繁衍下一代，人類天性上是更傾向於婚配結合，更勝於形成城邦。和他人所形成的共同體只能走這麼遠，但是人類一起生活不只是爲了繁衍後代，也爲了擁有生活所需要的東西。因爲從一開始功能就劃分了，對於男人和對於女人是有所不同的，因此經由把他們獨特的能力貢獻給這個共同任務，他們彼此相互幫助。（《尼各馬可倫理學》，1162a16-24）

在達成某種聯合的共同目的上，必須要有這種功能的分化，這解釋了爲何需要那些被亞里斯多德歸類爲自然的之不同種類的共同體或社群，也解釋了此等共同體或社群之自然性。假使共同體或社群的成員沒有隸屬於他們的話，就無法存活或生活得好，那麼該共同體或社群就是自然的。由於需要其各式各樣成員不同但互補的功能，他們被集結在一起形成這樣的共同體。精確來說並不是大家一起從事相同的事，而是分別從事某單一任務的不同部分。「政治動物是具有某個共同功能的動物：並非所有放牧的動物都具有這樣的屬性，不過人類、蜜蜂、黃蜂、螞蟻和鶴是屬於這一類的。」（《動物史》，488a8-10）。因此，個別人類和城邦的關係類似於蜜蜂和蜂巢、螞蟻和蟻巢之間的關係，而不是綿羊或母牛和其獸群之間的關係。個別成員的生活是由履行整體社群之複雜生活中某個分化的職務所構成的，而不只是和其他個別成員生活在一起而已。然而，這種和其他社會動物或政治動物的相似之處最終瓦解了。

> 雖然所有人都有趨向此種社群的衝力，但是最先締造這種社群的人就是帶來最大利益的人。因為正如同趨於完善的人是最優良的動物，所以他一旦脫離了法律和正義就是最惡劣的動物。（《政治學》，1253a29-33）

這種理性的與慎思的能力區分了人類和其他群居的與政治的動物，這使得如何形成必要的社群有了區別。亞里斯多德說道，人類比起其他動物是更為政治的（而當然他們是唯一眞正的「政治」動物，蜜蜂並不形成城邦），因為只有人類具有善與惡、正義與不正義的觀念，以及使用來傳達這些觀念的語言。「而就是在這些之中的社群造就了家庭和城邦」（1253a18）。可是，蜂巢的模式持續著：

由於整體必然是優於組成部分的，此城邦在本性上是先於此家庭和我們個人的。因為當整個的身體被毀壞了，那麼就不會有手或腳的存在，除非是同音異義上來說——猶如人們提及石手（因為一個死了的人就會像這樣）。一切事物都是以其功能和能力加以定義……因為假使每一個在分離的情況下都是不足的，那麼他們所處的位置就和所有組成的部分相對於整體所處位置是一樣的。無法在社群裡生活，或者是基於自足而不需要生活在社群之中，任何這樣的人都不是此城邦的一部分，而會是一隻野獸或是一個神。（《政治學》，1253a18-29）

在這裡優先性是形而上的，而非時間上的。個人和家庭根本上是城邦產生作用的組成部分，而且是如此加以界定的。正如同一隻腳是某個有生命動物產生作用的組成部分，不管怎麼稱呼它，當它無法作為有生命動物產生作用的組成部分時，就不是真正的一隻腳。因此，亞里斯多德這時候主張，一個天性上無法成為城邦組成部分或本性上不需要生活在城邦中的人，只是名稱上是人但性質上並不是人。所以，當亞里斯多德聲稱人自然地形成家庭、村莊及城邦的社群時，他表明的是他所視之為個別人類之本性的事實。沒有和種屬的其他成員從事共同的活動，即不同人履行不同職務的活動，他們作為個人是無法實現適合於其種屬之成員的目的。如同他在之後明確陳述的（1280a25-1281a4），此城邦的目的是幸福或美好生活，而不只是安全或物品的交換，這些可能自然地會被解釋為實現個人目的的手段。要使幸福或美好人類生活成為可能，就必須要成為此城邦這種大小與複雜性之共同體的成員。這裡再次和蜂巢或蟻巢的類比雖然不是精確的，卻是有助益的。並有這項假設，即該種生物的生活總是在複雜的團體活動中承擔重要的職務；當個別成員生活在該團體外面時，沒有任何一位可以是其生活在裡面的那種樣子。界定他們的這個職務天生自然就是他們的，這可說是每個人受造來履行的職務，也就是指能夠以該種團體之成員來加以履行的職務，作爲親生父母明顯是一項這種活動。亞里斯多德更加進一步主張，鑒於任何個人或甚至是家庭、宗族團體基本功能上的不足，人要生活在政治社群之中，現在簡單地理解爲不管是大小及複雜性如何的社群，這是能夠過完全人類生活所必須的，這是一件和自然相干的事，其涉及自然的程度就和人類結合在一起進行繁殖涉及自然的程度一樣多。如今這完全說明了早先在《尼各馬可倫理學》中的一個轉變，即從只是在那裡斷稱爲人類的政治性質，移向此一主張——每個人致力追求的這種善或幸福事實上不是個人的幸福，而是家庭及城邦的幸福。蜜蜂只有在作爲蜂群，或螞蟻只有在作爲蟻群，才能發展良好。如果你不是眞正具有某種個別的功能，意思是說這種功能在脫離他人互補的活動之下是無法履行的，如果你的功能只是某個較大而複雜之功能的一部分，那麼除非其他人從事了其他事物（例如作爲親生父母），否則你可能一點也沒有辦法履行你的職務；或者說假使他人不從事其他事物，而且把這些事至少做得還過得去（例如：就像農夫和造屋者、或農夫和立法者）的話，你可能無法妥善履行你的職務。

當然，這並不是說此團體成員在履行此團體活動中他們的職務時，一些人可能不會比其他人做得好得多，而是說只要該活動實質上是某個較大活動的一部分，它的成功有賴於其他部分的成功。因此，任何人僅僅是在作爲該社群的成員之下，才眞正致力於追求所有人類行動的此最終目的；這就是爲什麼最初把此城邦的這種目的描述爲至高且最具權威性的目的。這也解釋了他在論述此城邦之自然性時所下結論的意思，他用來下結論的主張是不需要或無法作爲此種社群之成員來過生活的人，要麼是神或者是動物，但卻不會是人（1253a27-9）。不需要這樣做的人如神一般自足，無法參與其中的人則是缺乏一般人類進行良好協調之理性活動的能力。

我想要回到霍布斯一下，因爲他反對亞里斯多德或至少反對人類天生是政治的這個主張，其論述顯示某種遠離亞里斯多德主義（Aristotelianism）的現代重要轉折點。

> 這是眞的，某些像蜜蜂、螞蟻的生物一齊過著群居的生活（亞里斯多德因此把這些生物列爲政治的動物）。不過，他們除了特殊的判斷和嗜欲之外，並沒有任何其他的發展方向，沒有語言讓個別成員能夠相互表達有助於公共利益的事物。因此，有些人或許想要知道爲何人類無法做同樣的事。（《利維坦》，II, 17）

霍布斯繼續羅列六個爲何人類不像蜜蜂或螞蟻的理由：人類具有競爭性，尤其是關於榮譽和光榮；理性讓人類能夠反思他人並加以批評；理性和話語允許人類彼此說謊；無理性的生物只要沒有受到傷害就滿足了，人類卻不是如此；人類把他們私人的善看作是不同於共善；人類的同意是建立在契約之上而不是自然的。除了關於私人的善及公共的善這一點之外，所有這個清單上的項目都依靠著人類是爲了理由而不是出於本能而行動的這個事實，也就是他們都根本地描繪了作爲人類理性化之結果的能力和特徵。亞里斯多德沒有拒絕這當中的任何一者，如我們剛剛看到的，事實上他相當明確地揭示了人和蜜蜂及螞蟻之間的差異。因此，霍布斯和亞里斯多德之間差異的根源不在於是否人類天生是可惡的或具有競爭性，或者天生是溫和或合作的。亞里斯多德相信人類有能力擁有惡德與德行，因此道德教育與培訓是重要的。這是部分地重複了此一論點，即亞里斯多德不是主張人類憑本能而不假思索地形成政治社群，而是因爲形成政治社群被視爲是必然的。更重要的是，這兩人在理解人性是什麼或如何揭露人性上使用了非常不同的方式，這是他們之間的差異所在。是霍布斯把天性和本能綁在一起，然後從這個角度來理解亞里斯多德。另一方面，如同我們在《尼各馬可倫理學》中的功能論證（function argument）裡頭所理解的，亞里斯多德是以事物當他們依其應該的方式運作時的狀況來界定天性。所以當亞里斯多德說人類天性上是政治的，他並不是說人類從母胎出來就必然的邁向城邦中的生活。他指的是如果人類要過一種能夠適當使用其異於其他動物之能力的生活，他們就必須生活在社群之中，而且生活在其中的社群在大小和複雜性上要足夠能提供這種生活。對於人性及此種人類善的適當理解，揭示了該種善只能由以作爲某政治社群之成員來生活的個人們所獲致。

霍布斯所提議的契約觀和亞里斯多德所提議的有所不同，兩者的分歧在於有關私人善和公共善這一點之上。奇怪的是，就亞里斯多德所反對的任何特定的其他人性或正義的看法來說，雖然他並沒有明確地提及任何這種看法，如果有任何一種的話，它可能是某種不完全不同於霍布斯的看法。某種（粗略地）霍布斯主義的（Hobbesian）正義觀念或政治社群觀念，是以有競爭性及自利的當事人之間相互同意下的妥協來加以看待的，亞里斯多德對此並不是不知道。《理想國》第二卷之中由格勞孔（Glaucon）所提出的，作爲一種智辯者的看法。就像是霍布斯的理論，該看法之中似乎存在著一項假設：人性根本上是貪婪的，而且是把在追求自利下對此種侵略性的相互抑制稱之爲正義，是同意作爲自我保存或保護的事。正如同柏拉圖已有的作爲，亞里斯多德回應時並沒有拒絕這種貪婪的能力，而是以提供一個更具規範性的人性觀，以致於事物依其應該的方式運作時所發生的就算作是自然的。對於什麼算是對個人而言的這種善，亞里斯多德堅持存在著某種自然的客觀事實，而不是讓這種善成爲主觀本能、衝動或偏好的事。因此，對於相信個人的善和公共的善有所不同，或者更簡單說是相信存在眞正私人的善，他可以說持這些想法的人是完全錯誤的。主張人類是政治的，在考慮到人類的本性以及特別是人類在功能上不完整的特性，這個主張最終是在說個人的善必然是公共的善的組成部分。人類的幸福是由必然是共同的活動所構成的，這是霍布斯在批評亞里斯多德時所錯失的。以亞里斯多德「政治的」的意義來說，對霍布斯而言，人類就連人爲地政治的也不是。

到目前爲止，亞里斯多德的論點雖然抽象，卻似乎足夠合理。人類若是沒有生活在某種複雜程度的社群中，沒有在當中履行了許多共同地有益於所有人的不同種類之任務，而且其中沒有任何一種任務是有可能由任何單一個人或少數人來履行，事實上是無法過美好生活的，人類就是這樣的生物。有人需要採集、栽種、捕釣、狩獵或餵食；有人需要照顧與教育兒童；有人需要準備抵抗外在攻擊以捍衛這個團體；有人需要花時間思考應該如何來和平共處等等。毋庸置疑地，關於確切上需要從事何種任務及此團體的規模大小，在某種程度上是會有爭論的。對於此種社群所需要的必要功能，亞里斯多德是有其本身的想法，不過他自身有關美好生活事先所具有的觀念，以及古希臘的社會及科技狀態，至少這些都會部分地影響他這方面的想法。當然，這些因素也左右他關於政治社群多大才算合適的觀念。

這是一對額外的主張，這對主張在這裡確證一些他比較令人擔憂的結論。其一是假設當自然完善運作時，它分派給每個人某個單一的功能。因此，當區分女性和奴隸時，亞里斯多德說道：「由於自然不是馬馬虎虎從事徒勞無功的事……而是針對各個工作從事一個事物……以便於如此一來當任何工具只從事一個而非許多工作時，它會把它的工作作得最好。」（1252b1-5）。亞里斯多德創造這個自然這樣運作的圖像，似乎不是純粹爲了政治的目的，因爲它也作爲了其生物學的一個基本原則。

> 在可能的時候，相同的器官不要有不同的用途，這樣是比較好的。……只要是可能使用兩種器官來完成兩種工作，而不會兩者相互妨礙，自然不從事廉價的事，就像是用銅加工以製成「叉—燈臺」（spit-lampstand）一般。（《論動物的組成》，683a20-25）①

因此，不只是說需要有思考以及需要有勞動，而是當自然至少適當運作時，某些人是天生的思考者，而其他人是天生的勞動者，而且意思不是說他們具有愛好一者勝過另一者的自然傾向，而是說

---

① 依據 C. D. C. Reeve 的理解，這裡的「spit-lampstand」(*obeliskoluchnion*) 是一種軍事工具，可以同時作爲烤叉和燈臺。參見 Aristotle(1998). *Politics*(trans. by C. D. C. Reeve). Indianapolis, Cambridge: Hackett Publishing,（p.129 注 93）。中文翻譯中，崔延強譯之爲「……把痰盂和燈臺做成一個」（載於崔延強譯〔2009〕。《論動物部分》。苗力田〔主編〕。《亞里斯多德全集》第五卷。中國人民大學出版社〔頁 122〕。），或有斟酌餘地。——譯者注

他們能夠也應該只從事一者或另一者。即使在不是由自然來分派職務的地方，亞里斯多德甚至建議把這個作爲一種社會政策的事務。在卷二批評迦太基人允許一個人擔任超過一個職務的過程中，他甚至主張每個人履行單一個任務會好很多，因此立法者不應該分派相同的人來演奏長笛和製造鞋子（1273b8-12）。這項假設在其蘊義上是強烈反民主的，而且亞里斯多德確實是會認定它和民主的意識型態是不一致的。個別公民的多才多藝被視之爲是古代民主的一項標誌，這是柏拉圖《理想國》第八卷和修昔底德（Thucydides）對柏里克利〈國殤演說〉（Pericles' Funeral Oration）之描述的讀者會記得的。當加上了這項額外的假設時，也就是包括人類社群在內的所有複雜的實存物包含了治理和被治理的組成部分，如同他轉向奴隸制度的這個主題時，明確可見地，任何人會了解到自然不只分派工作，而且是帶有階層式地加以分派。決定社會職務的這個自然差異的圖像，當它結合某個有關不同任務之價值的自然差異這個額外的假設時，導致的結果是急劇高低排列的政治階層，據稱這些階層是建立在完全自然的個別差異之上。

奴隸制度

在辯護奴隸制度當中出現極端的情況，這是臭名昭著的。之所以討論奴隸制度，是因爲奴隸被當作是家庭這個最小社群中一個不可少的成分，而且奴隸在該團體之中的角色需要被加以詳述，以作爲描述此種家庭的一部分。且描述「主—奴」關係有助於亞里斯多德稍早的主張，即政治的治理是和作爲奴隸之主人有所不同的活動。此外且或許是主要的原因，亞里斯多德想要處理這項指控，也就是所有的奴隸制度都是不自然與不公正的，理由是在於它只是戰爭中被征服者要受到奴役的一種習俗。

亞里斯多德相較於他的前輩們更加仔細地談論了奴隸制度，而且針對此一制度提供了某種辯護，這是我們所知道首次這麼做的辯護。他的討論有大量的難點，其中之一是爲奴隸制度進行辯護時，對於所針對的批評只有簡要的敘述，而且這是我們關於這種批評的唯一來源。他的陳述如下：「有些人認爲奴隸制度是違反自然的，因爲依照習俗一個人是奴隸而另一個人是自由的，但是天性上他們並沒有不同。因爲是基於強迫，所以這也是不公正的。」（1253b20-23）。這個陳述似乎有兩部分：第一部分蘊含著並不存在任何自然的奴隸或主人；第二部分主張以強迫進行奴役是不公正的。這兩部分各自主張的理由是什麼並不清楚，因此這兩部分主張之間的關係是什麼也不明確。持有這個觀點的人允許這些嗎？如果存在著自然的差異的話，強迫進行奴役可以是公正的嗎？或者說即使在沒有自然差異之下，假使不是使用蠻力的話，奴隸制度可以是公正的嗎？關於並不存在任何自然差異的這個主張，它至少邏輯上可能建立在某種不夠堅強的事物上，其薄弱程度就像這個想法——所實行的習俗忽略了任何這樣的問題（畢竟每個人都或多或少同等地與隨機地會遭受被奴役的傷害），以及並不存在人與人之間有任何相關差異的這個含義。或者說，對於自然差異的拒絕可能是建立在某種堅強的事物之上，其強健程度就像某個原康德主義（proto-Kantian）的想法，是關於所有人之不可侵犯的自主性，或者或許更加具有歷史可信性，這種拒絕是建立在某種原斯多噶主義的（proto-Stoic）看法，是關於此物種之所有成員在道德上的平等。亞里斯多德的回應確實暗示著這種前者比較薄弱的理解，因爲他並沒有抨擊對於平等的肯定斷言，而只嘗試辯護對於不平等的肯定斷言。他主張有自然的奴隸存在，他們只是爲了讓自然的主人來加以奴役的，甚至是以強迫的方式。對於奴役在戰鬥中被征服的對象這種習俗，他也承認此習俗並非那些自然奴隸的可靠發現者，況且多半可能因此導致不公正地奴役不該被奴役者。考慮到人類平等的道德地位，奴隸制度必然且明顯是最粗暴的不公，任何這樣的主張是絕對不會以任何角色出現在這裡的舞台上。亞里斯多德只是相當間接地陳述這個立場，確實談不上對此立場精準正確地加以解釋，而且四處流傳著某種反奴隸制度觀點的不同表達，當然這些都是可能的。然而，沒有任何有關此一觀點的任何證據倖存下來。而且我們的確有豐富的證據顯示，雅典對於政治平等的愛並沒有超過邊界；當亞里斯多德在說所有非希臘人都是自然的奴隸時，有充足的理由懷疑他是正在陳述某個古希臘人一般的政治觀點。

亞里斯多德在詳細處理此一議題時，他採取了典型亞里斯多德的方式。他從羅列自己本身的立場開始，接著轉向另一個立場，顯示出事實上這兩個立場並不是像首次時呈現那樣不同。換句話說，他最初主張天性上存在著奴隸和主人，但是接著繼而同意至少以所陳述的理由而言，奴役被征服者的習俗是不公平的。（在第四章的）第一個動作是界說奴隸，視之爲在家庭之中承擔特定職務的人。一如往常，他從簡單地描述或界定奴隸的功能與社會地位開始。要確定已取得生活所必須的工具，這是經營家庭這項任務的一部分。某些這類的工具或手段是無生命物，有些則是有生命的。那麼就像是任何所有物一般，對於家庭的生活或美好生活來說奴隸是直接必要的。雖然亞里斯多德把奴隸描述爲「工具」，但是他們並非是一般意義的工具，也就是說，在製作這些本身是被使用的物品（衣服、傢俱）所具有的關鍵重要性上，這些生產上所使用的工具（梭子、鐵鎚）只是間接有用的。相反，奴隸是管理這種工具的使用者，對於家庭的持續生存和每日的生活而言，他們就其本身而言是直接有所貢獻的。亞里斯多德說道他們是行動的工具，也就是爲了過生活或過美好生活，而不是爲了生產任何東西的工具。儘管奴隸常常是確實地參與了不同物品的生產，但是因爲他們的貢獻在於執行了任何種類的助理會做的行動，所以據推測情況就是這樣。雖然製作薄煎餅上同時需要廚師的助理和鍋鏟，但是他們作爲必要的方式是有所不同，這裡的這個想法大概就是這樣。對於家庭之存活所必須要有的體力勞動而言，奴隸是提供這方面供給的這種財產。這裡要注意到，在足夠精確描述某個奴隸之「社會—政治」地位的地方，並沒有要進行任何嘗試主張該地位是必然的。顯然地奴隸據說所要從事的是需要被完成，不過即使是同意亞里斯多德關於功能之單一性的假設，但對於確立它是需要由被制定爲財產的人而不是由工資勞動者來完成，我們找不到任何這樣的論點。對於奴隸成爲其主人之財產這項赤裸裸的事實，只要這裡進一步顯示亞里斯多德並未把這項事實視爲是某種人與人之間特別顯著的道德關係，那麼這是一項明顯的疏漏。

他接著（在第五章）轉向詢問是否存在具有那種特性的人類，該特性使他們適於作爲工具並成爲另一人的財產，同時說道「不管是由推理來理解這一點，或者是從事實來知道這一點，都不是困難的」（1254a20-21）。這兩種方法被認爲都對這個問題給予肯定的答案，但是在下列所述之中他們並沒有明顯地區別，或許在這個時候尋求真相這件事留給讀者來決定。我們的確得到一個勉強稱得上的論證，「在由許多組成部分所構成的任何事物，不管這些組成部分是分離地或連續的，它們構成了某種單一的整體，在當中總是可以找到治理的和隸屬的成分。」（1254a28-31）這就只是有關於各式各樣組合體的一項事實，重要的是這裡的組合體包含了人類的社群，也就是各種組合體都區分爲治理和被治理的部分。因此，靈魂治理軀體，理性治理情緒。這種治理與被治理關係的顯明程度，被認爲應該就像人類應該治理動物或男性應該治理女性一般清楚可見，那麼以主人和奴隸之關係就像是靈魂和軀體之間關係的這種程度來說，這個相同的原則是適用的。不同角色的精確性質依照正在談論中這個特定組合實存物的功能或任務而定，不過情況總是由較高層級或較低層級的部分分別承擔治理或被治理的角色，能夠這樣對兩者都是比較好的。考量到每個成分相互不同的能力，當較高級的一方從事治理時，每個整體會有更好的表現（軀體會更健康、動物會更長壽），這似乎是這裡的理念。基於相同的理由，在家庭之中的一項任務是供給必需品，因此由能夠看管這個整體的善這種人來治理，而最擅長於較低層級的體力勞動者則接受治理，這是適當的。

在亞里斯多德唯一直接主張奴隸制之自然性與正義的論述內容當中，有關所有人（至少所有被提及的）及各種非希臘人（1252b9; 1285a20; 1327b23-29）的缺點，這裡我們需要注意到，從表面上一點也看不到亞里斯多德這方面公然的種族主義假設。這些或許就是人們可以很容易從中獲知眞正存在著自然奴隸的「事實」，然而這裡並沒有提及他們。在一個他確實眞的斷稱女性之低劣的脈絡中，而且事實上他以此作爲這個論證的一個前提，這似乎是相當令人費解的。他並沒有詳細描述某套常見的心理與生理能力，這些能力好像眞的會讓其擁有者無法過比奴隸更好的生活。相反地，他所做的是指出有天生適合從事奴隸工作的人存在，說明了這種人的存在如何適合於某個需要有功能之階層性與單一性的寬廣形上學架構。他似乎是說考慮到有關自然如何運作上顯而易於理解的，說存在著自然的奴隸，這是絕對不言自明的。任何社會性種屬的成員彼此會有所不同，在階層上也是如此，以致於有些人是自然的治理者，有些人則是自然的臣民。自然爲不同的任務製作了不同的工具，因此有些人「生來」是爲了從事種屬之存活所需要的那種體力勞動，這是自然之仁慈效能的一部分。

接著他藉由轉向這個批判的見解，即不存在任何自然的奴隸，而所有的奴隸制都只是習俗使然，在這件事上是有不公正的，因爲優勢力量的脅迫並不能成爲奴役任何人的正當理由（1253b20-23），以此結束他對這個主題的討論。這個主張的第一部分是說不存在有任何自然的奴隸，這已經被加以駁斥，而第二部分是在戰爭中奴役被征服者的習俗是不公正，這仍然有可能是對的。也就是說，剛才所描述的自然奴隸是一回事，但是有可能合法的奴隸並不是自然的奴隸，因此不是被公正地奴役。亞里斯多德在這裡做了一個典型的舉動，他在這個對立看法中查明了些微的眞實，同時最終設法主張此爭議各方面的每個人事實上都同意他。這個策略使此論證變得複雜了，它是困難的，它的細節引起許多爭議：因此下列所述只是重建「1255a8-28」處此一論證上最好的一個猜測。

是否優勢力量的脅迫能成爲奴役被征服者的正當理由，這是正在討論的問題。不管理由是強權即公理，或者說理由是凡是合法就是正當的，這種建立在這些理由上面的習俗可以被視爲是合理的。他從前者開始討論。對於公正就只是強者的治理這種主張，有些人會努力地加以反對，同時堅持更確切地說是德行使人有資格治理比較不具有德行者。但是，這其實只是讓這個爭議往後面退一小步而已，因爲甚至認爲強者應該統治的人也會這樣想，理由在於他們在比他人強的長處當中看見德行。（關於這一點他們是錯誤的，雖然某種程度它是一個可以理解的錯誤，因爲德行的確具有力量，而力量確實需要具有某種德行，儘管當然不是正確種類的政治德行。）認爲優勢力量的脅迫可以是奴役的正當理由這些人，以及拒絕這會是正當理由的這些人，這兩種人都相信德行的確使某人具有進行治理的資格。因而，不一致的實際上是有關於德行或正義是什麼，而且由於他們對此（在這之中論證是重疊的）彼此不相一致，所以對於流行之奴隸制度的正義會意見不合。關於德行或正義是什麼的這個問題，亞里斯多德並不費心停在這裡加以討論，但他滿意於指出雙方都同意道德的優越使人們適合從事治理。接著他轉向這個習俗的另一個可能的辯護，也就是它是合法的（1255a23），在這裡他只是指控虛僞。這麼說的人們不認爲高貴的希臘人（他們自己本身）會有被公正地奴役的時候，而這明確地是基於他們的本性不允許這種事情發生的這項假設。一位野蠻人（這個字是希臘人對非希臘人的近似直譯）在家可能是自由的，而一位奴隸在希臘不會令人不安，因此在這些情況下，這種實務看出來是有正當理由的。然而，說任何在戰爭中被征服的人能夠公正地加以奴役這個一般的原則，它沒有辦法被前後一致地加以欣然接受。這裡，亞里斯多德再次地認爲他同意自己的說法，即存在著自然的奴隸和自然的主人。

所以，針對奴役戰爭中被征服者這種流行實務進行辯護者，這些人是站在不穩固的基礎上。或他們以爲強權就是公理，這是相信某種錯誤的正義觀；或他們認爲他們的強權就是公理，而不是野蠻人的強權，這是虛假與不一致的。另一方面，批評這個實務的人說得有道理，因爲較好的體力單獨來說無法使任何人公正地成爲另一個人的主人。但是，對亞里斯多德來說，這並不是會對當時的實務造成重大傷害的論點，因爲他認爲他能夠提供辯護此尋常希臘信念的不同理由，而且也已經提供了，即非希臘人天性上適合作爲他們的奴隸。這個支持奴役某人的核心辯護是主人和奴隸之間天性上的不同，這個天性上的差異進而爲自然的主人對自然的奴隸使用脅迫提供辯護。

那麼，在亞里斯多德對於奴隸制辯護的背後，至少可以瞥見兩條思路。展現作爲首要思路者建立在某種樂觀的與理性的形上學偏見之上，它不只是說自然體系具有階層式的複雜性，具有能夠有效執行種種個別功能的不同組成部分，而且是說這個階層結構是良序的與美好的宇宙之一部分。爲了使任何更加被高度重視的人類文明能夠存在，就必須完成許多不愉快及非常枯燥的工作。假使這種工作不能共同分享的話，如同運作中的這個形上學圖像所主張的那樣，那麼由那些眞正且完全沒有能力從事更好事物的人們來從事這種工作，能夠有這種供給的某種自然看起來像是有利的。要說立論有自然奴隸存在的這個主張是由某種寬闊的宇宙願景所推斷出來的，或者說這個主張是來自亞里斯多德關於這個世界非希臘部分所持的精英主義與種族主義觀點，這是被廣泛確認爲在追逐私利的觀點，是由此觀點所產生自然的附帶結果，而這個立論有多大程度是前者的或後者的，情況並不清楚。是否他的核心思路是從人類對於體力勞動之成果的基本需求，結合了自然的埋性化，如同是展現在個別人類種種功能的單一性、分化與階層性，轉向至對於希臘蓄奴的確證，或者說是否其核心思路完全是對其自身優越性的某種相當複雜與特別的哲學式辯護，而這種優越性則是亞里斯多德和當時大部分希臘人所具有的信念，很難知道是這兩種情況之中的哪一種，可能兩者都是或者都不是，但也可能這是某種沒有任何事實的事項，或者說假使有事實的話，我們也無法得知這個事實。然而，對於奴隸制的辯護是如此牢固地嵌入亞里斯多德的這種宇宙觀，以至於在保持亞里斯多德關於政治社群之觀念其他部分的原樣之下，是不可能挑取出或修正這種辯護的，遺憾的是這一點似乎是不可否認的。也就是說，因爲這個辯護並不僅僅是建立在反對特定他者的偏見之上，即使在某種意義上那是最深層或原初的動機，而是建立在關於人類社群之基本性質這種比較普遍的主張之上，糾正了其結果並不是簡單的扭轉此偏見這種問題。

第歐根尼．拉爾修記述了亞里斯多德在其遺囑中說要釋放他自己的奴隸，想要從這個記述之中做些陰險的事，這種誘惑似乎是不可抗拒的。爲這麼一種制度辯護，並且眞的蓄奴以加入這種制度，這是相當不好的，但是提議釋放奴隸不就表示說覺察到他們天生不是眞正適於被奴役嗎？（或許是諷刺的，在這裡有著某種稱得上是亞里斯多德會喜歡的道德難題，是有關於這些選擇之中何者作爲一項道德判斷會是更可取的。是完全的道德無知或是有意的不正義是更壞的？）而且假設奴隸在沒有主人之下是無法發揮作用，他們是會從受奴役之中受益的，被釋放實際上對他們不會是不好的嗎？最終，說主人的控制絕不是以最間接的方式在追求奴隸們的福祉，這種奇想很快地消失。這種治理是在追求統治者而非被統治者的福祉，由此發現這是行使在奴隸身上的治理和眞正的政治治理之間的差別所在，同時這也大大地減損了前者值得尊敬之處與重要性。說遺留在遺囑上的指示是打算讓受遺囑影響的人獲利，依照這個有可能的假設，亞里斯多德的遺囑不是相當於承認奴隸制或至少他的蓄奴是不公正的嗎？當然，想要知道他的動機是什麼，或者說甚至要完全相信這個記述，是沒有辦法做到的。但是至少同樣可以經由提供自由以作爲獎賞而使奴隸們更努力工作這點來很好地解釋，這樣做是有好處的（雖然，我想需要一些理由來使人相信這樣做不會把奴隸們轉變爲兇手）。亞里斯多德在後來對於最好城邦的描述之中（1330a31-33），他建議承諾奴隸獲得自由以作爲獎賞。雖然我們從來沒有得到這個承諾要提供的解釋，但是假設這不是因爲他們不是自然的奴隸，這個設想似乎是安全的。對亞里斯多德而言，奴隸的生活和工資收入者的生活或任何體力勞動者的生活之間，明顯地有著細薄且模糊的分隔線，嘗試了解這個記述以便記住這樣的分隔線，毫無疑問這樣做也是適切的。從某種意義上來說，現代的讀者把奴隸制視爲是可想像之人權最基本的侵犯，要理解這種分隔線是困難的。對於亞里斯多德此種政治社群的觀念來說，在重要及根本的層面上必須涉入並使用理性的生活，和主要致力於體力勞動的生活，這兩種生活之間的區別以及必然伴隨這些生活之人物彼此間的不同，似乎是比奴隸和自由之間在法律上的差異更加重要的。就釋放奴隸這件事來說，這傾向於說這件事不像看起來那麼具有重要性，到頭來這麼做可能就只是丟掉一件舊工具而已。

亞里斯多德實際上是怎麼設想自然的主人和自然的奴隸之間的差異，這道難解的謎題仍然存在。他明白需要確立一些人性方面或許容易辨識與熟悉的差異，這些差異可以作爲賦予主人和奴隸之間明確不同功能的基礎。因爲他也曾想過只有非常小部分的人口族群是自然的主人，即某個挑選出來的希臘男性團體，所以人們期待不管奴隸本身的定義是什麼，它應該是人類當中某種相當常見的心理條件。在第五章有這麼做的初步努力，但是似乎並不完全滿足這個需求。據說自然的奴隸不同於自然的主人，如同軀體不同於靈魂或者動物不同於人類一般。當然，這只是一種類比，亞里斯多德確實並沒有到達把自然的奴隸說成只是軀體或動物的程度，但卻使用了不討人喜歡的措詞來描述自然的奴隸。描述說他們這種人的功能是體力勞動，在那裡功能可以理解爲是一個人最拿手的事。這聽起來還不差，因爲它可能和下列看法是相容的，即這種人具有種種與生俱來的理性能力，只是他們在運用生理功能上比運用理性能力好得多。事實上他所指的是奴隸不具有理性，只是感知到理性（1254b22-23），這種說法是難以理解的。這種說法是在沒有解釋的情況下提出的，不過似乎在後續的第十三章對此有了改善，在那裏他轉向奴隸能具有何種德行這個問題。此處有一個困惑

（*aporia*，對亞里斯多德而言勉強算是一個術語，蘇格拉底以能夠讓和他交談的討論者陷入這種狀態而聞名）（1259b21-28）。假使奴隸能夠具有和他們主人相同的德行，他們和自由人就不會有所不同。另一方面，奴隸除了擁有完成其工作所應有的卓越之外，也必須具備一些其他的德行，因爲他們不是無生命的工具而是理性的存在。那麼，這個問題變成了一個普遍的問題：被統治者就其身分而言是否具有不同於統治者的德行。亞里斯多德認爲問題的答案不會是自然的統治者具有較多或較高程度的相同德行，而被統治者則具有較低程度的相同德行。畢竟如果他們具有相同德行的話，這意味著性質或功能上的相同。爲了要確證所分派之功能在種類上的明顯差異，這種德行上的差異必須是種類上的，而不是程度上的。

自然的奴隸並不是簡單地缺乏理性，這種缺乏會直接了當地使他們稱不上人類，這是關於這個主題的結論。這項缺陷是出現在他們愼思的能力，據說自然的奴隸缺少愼思的能力（1260a12-13）。大致來說，愼思（*boulēsis*）指的是考慮到某個目的之下思考要從事什麼。似乎有可能亞里斯多德在這裡想的是關於思考的更加獨特之政治性用法，即這種當把它做好時就構成實踐智慧的這種思維，一種關於個人自身的及他人的善之思考。「無限制條件地擅長於愼思的這個人，就是能夠依照籌謀找出對人而言最好的政治善這種人。」（《尼各馬可倫理學》，1141b12-14）。假使他心中所想的不是這樣的話，不管多麼模糊，那麼在對於奴隸工作的描述和奴隸心靈能力之間會有明顯的不相容性，因爲對大部分人類活動而言，顯然需要有基本的「手段－目的」推理。認爲大部分人類缺乏有效考慮他們自身之善的能力，以及認爲他們一點也沒有辦法思考，這裡並不是特別說前一種想法比後一種想法更加合理，而是說這裡所說的和亞里斯多德對於奴隸所扮演之角色所必須要說的之間至少具有少許的一致性。亞里斯多德嘗試讓這個種屬的某些成員在能力和所導致的可能功能上與其他成員不同，這個嘗試同時關於奴隸和女性，但卻又要使不同的成員有充分的類似，以便列爲相同種屬的成員，可是他始終沒有找到解決這種嘗試中之緊張關係的辦法。當亞里斯多德說了主人無法成爲其奴隸的朋友，因爲後者不具有任何和前者一樣的地方，只是工具而已，緊接著則同意只要他們參與某種社群，他們都是人類，是可以成爲朋友的，在此最明顯呈現了無法解決這種緊張關係的情況。「他作爲奴隸，不會有任何友誼存在；然而他作爲人類，則可以有友誼存在。」（《尼各馬可倫理學》，1161a32-67）。

妻子

如同亞里斯多德對於奴隸制的處理在現在看來顯得令人感到不安，一旦他甚至看不出有需要費力來辯護這個當時的傳統看法，那麼他處理女性在家庭中的角色之問題似乎會顯得更加糟糕。在亞里斯多德寫作的時代，相較於意識到奴隸制單純的慣例性，明顯地更加意識到性別角色當中可能的彈性。儘管存在這個事實，他對女性角色的處理就是上述的情況。雖然考慮了阿提卡（Attic）喜劇當中顯示的傳統角色②，這或許可以理解爲最終是想要爲這些角色辯護，但是並沒有成功處理柏拉圖在《理想國》（454b-455e）當中所論明確平等化的提議。亞里斯多德的確確認了柏拉圖的主張，不過只在第二卷他評論先前政治思想的地方，而不是在第一卷他本身積極處理家庭這裡的進程中。柏拉圖在那裡做出了驚人的提議，即不需要把生殖功能上的明顯差異理解爲任何能力上進一步的不同，主張生物層面上性的差異和從事不同公民職責所需能力之間的關係，就像禿頭與否和這種能力之間的關係一般。亞里斯多德滿不在乎地忽視了柏拉圖在平等方面顯然激進的主張，他實際上指出有人需要從事女性傳統上在家庭中所已經從事的事。柏拉圖提議了共同財產及消解傳統的家庭關係，亞里斯多德認爲柏拉圖在這一點上未能清楚說明，即是否這些提議是要適用於較低的工作階層，或者是只適用於統治階層，人們可能覺得這個批評是有道理的。亞里斯多德在控訴的進程中說道：

不過，假使他要讓妻子共有而財產私有，那麼誰來管理家庭，像在這個層級的男性處理田裡的事那樣呢？即使農夫的妻子與財產都是公共的，誰來管理家庭呢？爲了要顯示男女都應該要有

② 阿提卡喜劇是公元前五世紀古希臘喜劇的兩種主要形式之一，另一種是西西里喜劇，參見維基百科「古希臘喜劇」（https://zh.wikipedia.org/wiki/%E5%8F%A4%E5%B8%8C%E8%85%8A%E5%96%9C%E5%89%A7）。——譯者注

相同的生活方式，所以和野生動物進行比較，因爲動物並不從事家庭管理，因此這種比較是不適當的。（《政治學》，1264a40-b6）

亞里斯多德是從某個特定的、傳統的家庭生活圖像，經由有關自然之階層性的假設，移向關於本性的斷言，如果需要這個轉變趨勢的進一步證據的話，無疑地這就是了。因此，這個轉變再次把似乎是從據說的或顯然的必要功能，走向適合履行這些功能的本性。人們只能猜測，亞里斯多德在首卷中似乎是自然的脈絡裡未能捍衛女性的從屬地位，這和針對他對於女性及對於奴隸所想要說的，所給予這兩者之各自的挑戰形式有關。柏拉圖不像亞里斯多德所援引那些對於奴隸制之批評者處理奴隸那樣，他不太提及女性，說女性的傳統角色是不公正的，純粹是習俗所決定的，柏拉圖只認爲他允許女性扮演傳統男性的角色，女性這麼做並不是不自然的。說男性和女性可能並不具有任何政治上重要的自然差異，這個主張對亞里斯多德而言顯然只是一個太激進而無法加以揣摩的提議。因此一旦迅速拋棄了柏拉圖解除家庭的社會結構，這種傳統的女性功能被重新導入此城邦之中，而亞里斯多德的回應最終就只是指向這些功能。或許亞里斯多德早就更加看清奴隸制可能的不公，部分是因爲它發生在開創者身上，而部分則是因爲像是所有自由的男性一般，他自己本身在理論上無法排除這項危險，這是更加諷刺的。無論如何，他的確有這樣的結論，即有時候奴役某人時，假使他或甚至假定她是天生自由的，這樣做是不公正的。總之，他肯定想不到在正確地確認自然的女性這方面，存在一個相似的可能困難。

就像要理解亞里斯多德所要聲稱的，關於那些被認爲是自然奴隸者的天性所具有的問題一樣，女性相對於男性之下的不足應該是指什麼，這是有些難以理解的。女性（假設天性上是完全自由的這些人）據說和自然的奴隸有所不同，他們擁有愼思（deliberation）的能力，但據信女性身上的這種能力是「不具有權威的」（1260a12-13）。所以女性能夠思考他們的善及如何加以獲致，但是不知道爲什麼這種愼思不是「具有權威性的」（authoritative）、「掌控之中」或「起主導作用的」。假設亞里斯多德並不是粗糙地描述政治的現狀，而是試圖要把此現狀建立於某種自然的特性之上，那麼他在此一定是打算指出男性與女性之間某種根本的心理差異。生物學再次地提供了存在的證據。

> 在所有區分爲雌雄的種類中，自然以類似的方式區別雌性的性格和雄性的性格。……除了熊與豹之外，各種雌性在勇氣上都比雄性弱，……較爲柔和、更加淘氣、較不單純、較爲衝動、更關心養育後裔。……反之，雄性更爲勇敢、比較凶猛、較單純即不那麼狡詐。幾乎所有動物都有這些特徵的痕跡，然而，具有性格的動物這些特徵更加明顯，特別是在人上面。……女人也更具有同情心，更易於淚流滿面，較會忌妒，較快挑剔，易於辱罵且傾向於公開批評，……更易於沮喪，……更爲遲緩而不容易移動，……另一方面，男人比女人有益和勇敢，……當烏賊被三叉戟擊中時，雄烏賊會幫助雌烏賊，但是雄烏賊被擊中時，雌烏賊則會逃之夭夭。（《動物志》，608a21-b18）

女性明顯地缺少勇氣。（像雌性綿羊、山羊及豬一樣，據信他們的牙齒也比男性少（《動物志》，

501b20-22），可能是因爲經驗查證上的或基本數學能力上的奇怪錯誤，或者更寬大地說或許是由於亞里斯多德女性親戚當中眞的有牙齒缺陷，所以有此主張。）缺少勇氣（*thumos*，柏拉圖在《理想國》中把這種能力和他的衛士階級相結合）可能就是爲何他們的理性被視爲是無效的。之後在討論此理想城邦要有的理想人口時，亞里斯多德明確地說道要同時具備勇氣和睿智的人才能從事治理。因此，最終發現亞洲人具有慎思能力但沒有勇氣，歐洲人具有勇氣但缺乏慎思能力，在作爲榜樣或某個城邦的公民上，兩者都不是可取的（1327b23-29）。雖然亞里斯多德覺得沒有重大需要來明確地確證分配給女性的這種隸屬的角色，但是他很有可能認爲女性在政治的脈絡中缺乏勇敢的活力，如同在生物的脈絡一般，這種勇敢的活力可以讓政治慎思的能力產生任何實際的效果。這種缺乏足以讓他來說明亞洲人的從屬性，連同針對歐洲人的評論，這種對亞洲人的說法顯示出他似乎是在想像力方面令人震驚的不足。當然除了作爲僅僅是偏見，甚至承認在亞里斯多德寫作當時希臘政治文化的優越性之外，對於如此熱烈篤信道德教育之重要性的某人而言，他能夠從歷史上的及偶然的政治安排中做出關於本性的推論，這似乎是令人費解的。他所說的亞洲人可能是波斯人（Persians），他認爲這些人生活在專制的統治之下，因此顯示出自己是天生具有奴隸性的。他的歐洲人可能主要是色雷斯人（Thracians），還有住在黑海附近具有比較低度發展之政治體系的人們。這些政治安排很顯然對亞里斯多德而言看起來並非如此偶然，而且這會讓他所看到的形態看似本性的運作。

　　這個所謂女性心理能力的自然及根本差異，如同在自然奴隸的情況中一般，影響了他們各自的德行會是什麼。因爲對亞里斯多德而言德行是依附在本性及功能之上的，如同奴隸的德行一般，雖然女性的德行顯然最終不是完全不同於自由男性的德行，但是由於事物必需反映種屬或種類的類似性，因此女性的德行也會有所不同。凡是人都需要德行，而且顯然是相同種類的德行，但是如同亞里斯多德所說的，對女人和對男人以及對自由人和對奴隸而言，節制、勇氣和正義是不一樣的，這當中不同的方式反映出在家庭層級結構中的不同地位（1260a14-24）。所以，只有家庭中統治的自由男性領導人需要「完全的」品格德行。家庭中施行的治理具有不同的形式，這取決於不同治理對象的性質，因而此社群的性質是由這套組合而形成的。亞里斯多德在一些地方試圖爲家庭之中不同種類之政治治理找到相似之處，他在其中一處解釋道：

因爲丈夫是依據功績從事治理，而且是有關於適合由丈夫來掌控的事物，凡是適合由妻子控制的事物，他就交給妻子做，所以丈夫和妻子的社群是貴族式的。假使他掌控一切事物的話，這就會成爲寡頭政體，因爲如此就毫不考量到功績或優越的領域。有時候由於妻子是女繼承人，所以由她來治理，但是這種治理並非是依據德行，而是基於財富和權力，正像是在寡頭政體中的情況。（《尼各馬可倫理學》，1160b32-1161a3）

財富與家庭治理者的適當目的

物質的善或財富作爲分析家庭的一部分被加以討論，因爲獲取財富傳統上被認爲是家庭領導者的主要任務。事實上，以一個關於治理家庭的技藝和獲取財物的技藝兩者之關係的問題，被引入第八章當中。亞里斯多德馬上不考慮這個看似標準的答案（如前所述，包括亞里斯多德在《尼各馬可倫理學》首段之中本身的答案），即經營家庭的目的是財富，因爲監管家庭生活是使用而非獲取財富的事情。說財富依其性質是一種工具或手段，它本身並非任何人類生活或任何人類社群生活眞正的最終目的，這個主張是亞里斯多德在這裡所討論的一個非常初步的部分。對於解釋應該如何來理解財富，以及說明應該賦予財富何種角色而言，光規定財富不是至善這點只是杯水車薪。不幸地，亞里斯多德對這些問題的討論可以說是《政治學》最困難的部分。雖然或許無法完全回答，但我在底下接著依序要討論兩個特別棘手的問題。第一個涉及如何理解這個大膽的與異常的目的論主張，即動物是爲了人類；第二個涉及亞里斯多德對商業謀利的態度。

這個關於取得食物的討論是會導致剛剛所提及的目的論主張，在我著手這項討論之前，或許說一些讓這項主張看起來像是異常的這個背景，會是有幫助的，也就是指大體上看起來的亞里斯多德最終因（final cause）學說。而在《政治學》中是唯一會出現較低種屬是爲了人類而存在的說法之出處，即使擱置這些段落不談，亞里斯多德目的論主張所涉及的領域及範圍一直是學術辯論的持續根源。況且，除了有關所涉及領域的這些不同問題之外，僅僅因爲亞里斯多德看到自然之中那些不是由任何智性存有加以安置的目的，所以他的目的論學說即使在最抽象的層次有時候是難以把握的。簡言之，好的事情發生，這些事情既不是偶發的好事，也不是任何睿智能動性的結果。自然本身是聰慧的，也就是說它是良序的，而且事情發生是因爲對它們而言這樣發生是好的，但卻是不思而得的。對於自然事件給予更加純粹物質主義的解釋，說自然之中存在最終因，或者說某些事物是「爲了」其他事物「的緣故」，亞里斯多德正確地看到作此主張的必要性，他在《物理學》（II, 8）當中提出此一主張。對於自然的物體是什麼，以及物理學家（有關自然物體的專家）應該怎麼來理解與談論他們，此一主張出現在對這些議題進行一般性說明的脈絡中。這首先導致了他四「因」（causes）說經典的明確表達，針對物理學家對於任何自然物體應該回答的四個問題，或許此四「因」說可以最不偏不倚地視之爲這四者的答案。物理學家應該知道任何事物的組成原料，換言之它的材料或物質組成；它是什麼，換言之它的形式或基本性質；它生成變化的根源，其製造者或生產者；它的目的（telos）或它的用途。

> 由於本性是爲了某事物的那個緣故，而且有必要對此加以知曉並提供完整的說明，例如從這個必然是這個，而如果結果是這個的話（正如同從前提而來的一個結論），事情就是這樣的……爲何這樣是更好的，並非毫無條件地，而是關於每個的存有。（《物理學》，198b4-9）

以比較像英文的表達來說，例如要理解一隻狗，上述所指是人們需要知道關於它的許多事物。必須理解它來自另一隻狗，「從這個必然這個（from this necessarily this）」，自然物體來自於形式或種類上相同的某物體，狗生狗，貓生貓，植物的種子含有它們所生產之植物的形式。這隻狗也必須由某種物質的東西、骨頭、血液、皮毛等所構成。「如果結果是這樣的話（if there is to be this）」，假如它是由木頭組成的，它就無法像一隻狗一般來過生活。當然，它是某種動物，具有讓狗成爲狗而非猴子或蛇的特定能力，這一點是重要的。「說是一隻狗事情就是這樣的（this is what it is to be）」，狗的本性或本質。最終，以它現有的方式來構成，對它來說是好的，尤其是考慮到那些使它成爲它是什麼的這些能力之下，知道具有它所擁有而產生功能的組成部分是好的這一點是重要的。「爲何關於每個存有這樣是比較好的（why it is better with respect to the being of each）」。亞里斯多德主張經由解釋此物體的這個形式，這些問題的三者以相同方式得到回答（《物理學》，198a24-27）。這種想法是如果狗的本性被理解了，其所說明的不只是這隻狗是什麼，也說明了任何特定狗生成變化的根源是什麼，以及爲何它具有它所擁有的組成部分，換句話說，說明了爲何它擁有這些組成部分是好的，或者說爲何它成爲現在這樣是好的。透過說「效力（efficient）因」（改變的根源）、「形式（formal）因」（它是什麼）及「最終因」（它的用途是什麼）都是相同的，現在經常看到這是以非亞里斯多德式的詞彙對此所作的描述。所以，說自然本性的存有是爲了某事物，在這裡亞里斯多德是在立論此普遍性論點，而在整個生物學作品中也常使用這個理論，這是一個關於自然物體之組成部分的主張。關於爲什麼某事物就是如此的詢問，答案總是訴諸於這個要加以解釋之對象的形式。

即使在這個或許被限定許多的形式中，要明白這應該是要指什麼可能是困難的。思考亞里斯多德是使用它來反對什麼，這是要達成這個目的的一種方式。例如使用亞里斯多德自己的例子，我們的前排的牙齒長得比較尖銳是有點兒有利於啃咬，後排的牙齒長得比較扁平是有點兒有利於咀嚼，這個爭論的焦點是關於這個例子該說些什麼。亞里斯多德想堅持這種有利形狀不可能是僥倖的偶然事件，無法充分以牙齒生長中所涉及之物質屬性來解釋。在這一點上，牙齒的有利形狀和僥倖之自然事件有所不同，後者並不是以最終因來加以適當解釋的。例如：從農夫或玉米的觀點來說，降在玉米作物的雨水可能是很好的東西，但是不應該說這雨水是爲了玉米而降下的，它是因爲其中所涉及之物質的性質而降落的。「上昇者必須冷卻，冷卻了就變成水而降落」（198b19-20）。他所說的一部分是它不可能是一個意外事件，因爲它有規律地發生，而且所發生的「總是或大部分」都無法是運氣的結果。這個主張是事物可能是碰巧或運氣而發生的，還是爲了某事物而發生，而由碰巧或運氣而發生的事物不會是規律的。這說法本身似乎相當沒有說服力，因爲人們可能會說，如亞里斯多德似乎也承認，由於牙齒發展中所涉及之不同物質材料的屬性，動物的牙齒就恰好長得尖銳，而這些動物是唯一存活下來的。其實，有另一個方面，那就是不只幾乎總是發生這種事，而且是有一個最終會導致像這種牙齒的有秩序過程，這種事則是由於此種過程而發生的，「凡有目的之處，先於目的者是爲了目的」（199a8）。因此，這種可辨別的過程本身被視之爲基本的自然事實。雖然只要它們是邁向某個規律的最終成果，它們就類似於睿智的能動者所從事的那種愼思過程，但是它們並未包含愼思。他不僅僅聲稱如果我們把生物體看得好像是由某人加以設計的，這位設計者蒐集材料以生產某個具有特定功能或能力的複雜整體，這樣的話我們能夠更加理解它們，這是一個形上學的主張。個別的有機物質最根本的是它們的形式，或者至少是它們在自己材料中的形式，而不只是它們的材料。那麼，牙齒及其他產生功能的組成部分本身，就是具有營養及其他能力與需求之生物的組成部分。牙齒最根本地是啃咬者與咀嚼者，而不是一片片硬堅白色的東西，啃咬和咀嚼是動物像牠是什麼事物的一部分。對於從功能上所理解之本性或形式的實在論（realism）來說，《物理學》之中關於最終因的評論是其中的重要部分。換言之，再次地對亞里斯多德而言本性是具有規範性的。對於習慣於「事實─價值」牢固區分的人來說，這肯定是讓他們難以理解這個學說的主要地方。至少在此脈絡，再次地焦點是擺在解釋個別自然物體或物質的本性，這種依善或有用性進行的解釋只用以個別生命的組成部分。

當我們開始著手《政治學》時，這個描述顯得有所不同。亞里斯多德在那裡以討論食物的取得開始他對於財富和家庭管理的討論。大概這是基於這項可信的假設，也就是由於對食物的需求是最基本的需求，因此對於應該要照料他人的這些人來說，取得食物必定是他們首要且必要的工作。他首先指出飲食習慣的差異導致動物之間的不同生活，包括人類在內，他認爲狩獵、農耕和捕魚要比牧羊從事更多的工作。基本上，包括人類在內之所有動物能夠從事各式各樣的活動，以滿足其營養之基本需求，此時他似乎對此印象深刻。這項調查的結論是此愉快的想法，即「這種財產由自然本身賦予動物的，當牠們成熟時擁有的和剛出生時所擁有的差不多」（1256b7-10）。然而，這不是簡單地在描述此幸運的事實，如人們可能會認爲的，也就是大部分動物能夠在其周遭世界中爲自己和其幼崽找到食物。亞里斯多德繼續進行推論：幼崽的營養有時候依事情正常發展的程序自然地會得到供給，例如就哺乳類而言是媽媽的奶水，由此事實推論到所有動物都是爲了人類。

> 所以，同樣明顯的是，我們應該認爲，對於那些長大的，植物是爲了動物而存在的，其他動物

是爲了人而存在的。馴服的動物同時是爲了使用和作爲食品的，而假使不是全部的話，大部分的野生動物是爲了作爲食品和其他有助益的東西，因此可以從他們那裡得到衣物和其他器具。那麼，如果自然不從事殘缺不全或徒勞無功的事，它必定是爲了人類而創造所有其他的動物。這就是爲何戰爭的技藝（由於狩獵是其中的一部分）自然會是一種關於獲取的技藝，這種技藝必須用來對付野生動物，同時也用來對付那些天生適合被治理而又不願意臣服的人，因爲這自然是正義的戰爭。（《政治學》，1256b15-26）

這裡從未斷奶新生兒的自然性，明顯推論到主動地奴役其他人的自然性（與正義），在斷章取義之下確實是令人吃驚的。說奶水是爲了新生兒，這似乎至少是和亞里斯多德於生物學之中常見的那種目的論描述相當一致。主張理解哺乳類動物的本性包括了理解乳水是幼崽的營養，這似乎是很合理的。如果把「自然」理解爲所指的是哺乳類的本性，以致於這項主張被理解爲所指的是這種動物的本性是如此，其幼崽往往可以得到這種營養，那麼，即使把這項事實描述爲某種關於提供營養之本性的事情，這聽起來是相當合理的。此處所提強烈的主張是指奴役自然奴隸的脅迫是正當的，而支持這項主張的理由和早先有關奴役自然奴隸的論證一齊記錄下來，或者說亞里斯多德本就如此認爲。在這裡新增的部分是關於某些種類之自然種屬的這項主張，這些種屬是爲了其他種屬的，特別是以所有動物都是爲了人類的這項主張。如所述及的，這不只是對《政治學》之中至此爲止的討論而言是新的，而且在整個亞里斯多德的全集之中也是獨特的。他明確地把種屬描述爲是爲了其他種屬而存在，或者說個別生物體是爲了其他的個別生物體，這是他唯一這麼做的地方。人們只能假設在提及亞里斯多德於此所作之推論的顯著性時，他正思考著未斷奶新生兒和奴隸這兩種情況之間具有共通之處，而這也是種屬之間的情況所明顯共同具有的。如果我們使用出自《物理學》的描述，他在提及植物和動物時一定會提到，正如同某既定種屬幼崽的營養是媽媽奶水的用途，或者說就是媽媽的奶水是什麼，所以同樣地，凡是動物所食用的或使用的都是爲了這點，或者說就只是食物或材料。而且，這會是所涉及事物之本性的事項，而不是任何生物體之意向的事項。早期關於自然奴隸的討論可以理解爲符合這個相同的模式。正如同牙齒的本性是作爲營養的工具，因此要幫助長牙生物體的生活（換言之，理解牙齒是什麼需要理解牙齒的用途），而就像奶水的本性是作爲該種屬之幼崽的營養一般，因此同樣地可以說，被歸類爲自然奴隸者是被製造來服務具有更強大愼思能力者，這是一個關於自然奴隸者之本性的事實。先前表明了自由男性、女性與自然奴隸的不同本性，以確立他們相互之間不同的與特定的職責。所以如今在另一個方向的推論上，當動物吃了植物，而包括人類在內的其他動物則吃了一些動物，意即他們在食物鏈之中扮演不同角色，這個事實正在被用以顯示什麼是他們各自的本性。

顯然這並不是一個支持素食主義（vegetarianism）的論證，但是會產生什麼結果呢？看起來，亞里斯多德是指向有生命物種之間在追求必要食物上某個基本且幾乎是單向的依賴。相較於從生物學作品及《物理學》之中所獲得的印象，這顯示了一個更加普遍的目的論嗎？它表明了某個以人類爲中心的目的論嗎？這似乎不是支持後者的足夠證據。當亞里斯多德說所有植物都是爲了動物，而所有動物都是爲了人類時，他是迅速地與概略地講了這些。他肯定打算大致確認所有自然生物的全部餵食習慣，以至於在說所有其他動物都是爲了人類時，舉例而言，他並沒有排除一些爲了其他非人動物的非人動物。在此他討論的一開始，不只提及其他種屬，而且他的生物學作品充滿了不同生物飲食習慣的細節。只不過這裡的主題是人類的家庭，所以唯一關注的關係是與人有關的這些。從該描述中確實無法產生下列的結論，即一切都是直接地爲了人類，或者說也無法推敲出所有的依賴鏈都以人類作爲終點，例如植物注定是被動物吃掉，有些動物被其他動物吃掉，而接著後者這些動物則被人類吃掉。另一方面，如果人們認爲植物是爲了動物、而動物是爲了人類，那麼並沒有任何特定的理由停止在人類。或許這個目的論是普遍的，而人類是爲了更優越的實存物。（也許人類是爲了行星？）這裡要弄清楚一個完全普遍的目的論是困難的，或許不是說自然的每個組成部分都是爲了那個最好的組成部分，這個想法是所有宇宙的組成部分都是爲了整體宇宙的這個善，所有的組成部分都必須有助於這個整體的此善。如同動物的組成部分有助於這個動物的此善嗎？那似乎是一個從吃食植物之動物而來的大跳躍。要說動物就只是食物，其他什麼都不是，或者說只是人類衣食的材料，正如同動物產生功能的組成部分根本上正好只是這些產生功能的組成部分，其他什麼都不是，亞里斯多德似乎並非很可能眞正地有這些想法。並非所有動物都是爲人所用的，也不是所有被動物所吃掉的植物都是爲了爲人所用這件事。使用馬或牛很可能看起來就類似於使用自然奴隸，似乎它們的功能是在運送人類或犁田，因爲這是它們所能從事最好的事情。另一方面，難以理解亞里斯多德如何把宰殺之後提供食材或工具這件事，視爲一個生物的功能或本性，因爲功能以及本性都是被界定爲標誌特性的活動。死者是停止活動的，一隻死的綿羊甚至不是綿羊。對亞里斯多德而言，界定上綿羊是有生命的動物。另一方面，食用自然的其他部分（以某種非常普遍的方式，同時擱置關於哪些部分需要或應該被吃掉的問題），這看起來是非常不容爭辯的自然事實。人類不是碰巧從其他自然種屬那裡得到營養（再次擱置有關何種東西被食用的彈性問題），這不是我們剛好把其他種類的存有（再次廣義理解的）視為是營養來源的政治偏見事項。換句話說，這裡有一種非常規律的模式，且此模式確實地顯示了一些東西，這是有關人類只是作為生物有機體的本性，以及關於所有從其他生物得到營養的這種其他生物。所以在這裡有一些事實上的功能性關係及因此是目的論的關係被指出來，但卻不太是亞里斯多德在其他地方指出來的那種關係（大多數情況下，就食用被殺死的動物而非把它們當作有生命的工具來使用而言）。

因而，這裡從有關其他種屬的這種目的論主張之中，或許不足以讓一切變得非常有趣。不管從這個目的論主張得到的是什麼，考慮到第八章那裡所指出的這些自然事實，很顯然第八章的要點是在確立人類為了過生活與美好生活而取得所需要的這些自然物品（或人），這些就只是靠著所有其中所涉及事物的本性來過生活而已。撇開在討論食物當中所意味的關於自然之其他部分的明顯帝國主義，亞里斯多德在此處討論關於財富方面想要提出的主要實用見解是非常消極的，真正的財富是由過生活及過美好或良善生活所需要的善所構成的。獲取這種一定數量的財富必須是家庭管理者所承擔的任務之一，雖然其工作較重要的部分在於使用這些善。這回答了最初所提出的這個問題：有關經營家庭和獲取財富之間的關係。獲取家庭過美好生活所需要的善，或如亞里斯多德當下也提議獲取此城邦過美好生活所需要的善，被視為其所需要的專門技能穩固地從屬於治理家庭或此城邦之專門技能。也就是說，此從屬技藝的目的被完全定義為達成這些其他技藝之目的的手段。但是，這種關於獲取的限定可能是令人費解的。依據亞里斯多德的推測，甚至梭倫（Solon）是站在另外一方的（1256b31-34）。人們可能認為，而且依據亞里斯多德的說法大部分人是這麼認為的，即任何和獲取善有關的技藝應當是儘可能地獲取這些善的一種技藝。③

對於這個隱含的挑戰，亞里斯多德的回應是解釋事實上有另一種不是致力於獲取無限財富的技藝。他說這經常和他剛剛所描述的那種明確的技藝相混淆，因爲它涉及的是相同的材料，唯一的差別在於它有不同的促發動機和依據的理由（1257b35-40）。對於必需品的易貨貿易及商業交易之自然的與必要的實務，這些實務繼而導致發明錢幣作爲方便的用具，經由描述這種實務當中那種令人猜想的源頭，得出了關於這兩種獲取財富的這項結論。透過交換善的這種商業實務，目的是在儘可能地賺取金錢，錢幣的可取得性反過來允許更加容易囤積財富。顯然此技藝的這種實務必須要發明錢幣，而其成功的做法則必須要有某種商業敏銳度。依亞里斯多德的想法，更重要的事實是把財富作爲不只是追求獨立界定之目的的工具，這需要有對於此種善完全錯誤的理解。

> 他們之所以是這樣，是由於他們只追求過生活而非過美好生活，而那種慾望是無止境的，他們欲求無止境的手段。即使人們是以過美好生活爲目標，他們也尋求軀體的樂趣，所以由於這似乎是存在於擁有，所有活動都致力於致富，因此產生的一種獲取財富的技術。他們的享樂是過

---

③ 亞里斯多德《政治學》之中提及梭倫的意見：「正如梭倫在他的詩句中所說：誰也沒有爲人們的財富確立過一個限度。」載於亞里斯多德（Aristotle）著，顏一、秦典華譯，《亞里斯多德：政治學（雅典政制）》頁四十四—四十五。臺北：知書房出版社，二〇〇三。——譯者注

度的，因而尋求能夠產生過度享樂的技術。而就算他們無法透過這種致富的技術得到所要的享樂，他們會以另一個來頭追逐它，以有違本性的方式使用每一種能力。因爲勇氣並非爲了創造財富，而是爲了膽識，戰略和醫療也都不是爲了財富，分別是爲了勝利和健康。但是，他們都把這些變成爲貪得的技術，理由爲財富是目的，而一切事物都應該有助於實現此目的。（《政治學》，1257b40-58a14）

追求無限財富的人這麼做時肯定想著：或者赤裸裸的生活就是此目的，或者無限的樂趣是這個目的，而錢幣則是被視爲獲取此目的的一項工具。因此，他們到頭來使財富本身成爲這項目的，他們所從事的每件事則變成達成該目的的手段，以致於到頭來敗壞了像是勇氣或魄力這些本來有益的品格素質，也誤用了像是醫療之類的技能。把財富作爲這種最終目的追求的人，他們是自覺地視財富爲達到這種無限長久或無限樂趣之生活的手段，我們不清楚亞里斯多德是否打算要提出這項主張，或者說是否只是試圖有點要弄清楚遵循此模式的生活。在此處或其他地方，並沒有提出任何主張關於財富能被作爲一種地位來加以追求，這或許是令人好奇的。這裡所描述的這個錯誤是關於想要致富之錯誤的一種，因爲這錯誤看來是爲了擁有滿足追求不那麼高尚之樂趣或只爲了繼續活下去之慾望的安穩手段，不會被認爲是來自他人之尊敬、嫉妒或榮譽的可能基礎。他也沒有主張任何人可以毫無限制地追求財富以求儘可能地行使慷慨。最終，這毫無疑問是出於一種偏見，針對一生中存有著多於一個功能上的最終目的，此偏見在這個脈絡中起初看起來完全合理。光陰是有限的，而亞里斯多德顯然相信人們傾向於近朱者赤，近墨者黑。這就是追求財富的危險，即使在一開始作爲一種界線清楚的目的，將之當作工具加以追求，但是專注與聚焦於它漸漸地可能使它成爲某種絕對的目的。擁有財富是良好且有助益的，但是獲取它則是道德上的危險活動。似乎理想上這種善應該是繼承的，亞里斯多德在《尼各馬可倫理學》（1120b11-20）討論慷慨（generosity）這項德行之中，對此有非常明確的說明。他在那裡承認一種不幸的眞實情況，即通常最能善用財富並因此最該得到財富者，卻不是擁有財富的人，因爲擁有財富需要思考加以獲取與保存的方式，這樣一來轉而產生某種對於財富並非完全慷慨的態度，或者是某種對於德行的削弱。

財富不是永無止境加以追求的，而只是作爲過美好生活的一種工具。但是，針對如何把財富視爲工具加以追求這個問題，亞里斯多德這麼說並沒有加以回答。如前所述，他在此沒有足夠精確區分獲取財富的媒介（像耕作及狩獵等自然的媒介，相對於像交易與商業等非自然的媒介）和從事這種追求的目的。直到他開始含蓄地讚揚泰利斯（Thales）的榨橄欖油機壟斷，人們可能輕易地想到亞里斯多德覺得賺取利潤總是不好的，即使不是一般的貿易也是如此。致力於把獲利作爲生活中的最終目的，也就是視財富爲幸福，很顯然這是錯誤的。不過，如果是在一個特定的交易買賣中，或者是在仔細限定的條件下，爲了達到某種道德上更可敬的目的而致力於賺取利潤，如同泰利斯可能是透過闡明其智慧的實用性以捍衛哲學的尊嚴時所從事的，這種情況又如何？

在《尼各馬可倫理學》之中討論正義這項德行的過程中，亞里斯多德的確更加詳細地談論商業交易。他在那裡談到正義作爲品格的特定德行（和作爲整體德行的普遍形式相對照），這種德行特別和可共享之善的分布及配置有關。一開始區分成依據應得（desert）公平分配社會善的能力和針對造成的過錯實行補償的能力，通常分別指種類上或功能上的分配性（distributive）正義和矯正性（rectificatory）正義。他繼續指出這兩者在正確理解下都不等同於互惠（reciprocity），後者在字面意義的理解上是指以牙還牙，有些人錯誤地將此設想爲正義（《尼各馬可倫理學》，1132b21-25）。但是，他確實表示有一種出現在商業交易中成比例的互惠，而且似乎主張在這當中存在一種正義。所以，這似乎表明一方面是有公平或正義的交易，另一方面有不公平或不正義的交易。因爲動機出自於追求利潤的慾望或追求多於個人份額的慾望（*pleonexia*）標誌著不正義或不公平的，人們能因此認爲商業交易或就此而言任何導致以一方更好或另一方更糟告終的貿易，這些都直截了當地算是不公正的。如果是這樣的話，這裡牢記我們從《政治學》而來的問題，人們會認爲不應該致力於在貿易上賺取利潤，而且不管泰利斯有多麼聰明，連他都不應該從事那些壟斷橄欖油榨機所做的事。

在《尼各馬可倫理學》中，亞里斯多德持續描述適用於交易的互惠，這讓幾世紀的評論家感到困惑。這個想像的情境包括一位造屋者和一位製鞋者，或者之後的一位農夫和一位製鞋者，然後是一位造屋者和一位造床者，所以根本上是兩位都具有另一方所需要之事物的人。如同亞里斯多德所指出的，假使他們都不需要彼此的生成物，將不會發生任何交換。這和《政治學》之中所描述的圖像相吻合，也就是以物易物和個人缺乏自足之下進行交換。亞里斯多德在此也指出，無論如何必須讓生成物成爲共量的。人們不清楚鞋子和房子的相對價值是什麼，他主張由錢幣作爲代表的需求顧及了這種必要的共量性（《尼各馬可倫理學》，1133a19-23）。不管怎樣這些項目必須被加以衡量，這樣才能有公平與平等的交易。「當使他們平等時，就有互惠，以致於如同農夫相較於製鞋者，那麼製鞋者的生成物是相較於農夫的生成物」（《尼各馬可倫理學》，1133a31-33）。亞里斯多德在此提到錢幣很可能是用來轉移注意力，也就是說，對此章所描述的交易而言並不需要任何錢幣，就是說他提及錢幣可作爲一種涵蓋更加普遍與複雜種類之交換的方式。他認爲一旦以物易物變得太麻煩的時候，這些種類的交換方式就會出現。或者說他主張即使在簡單以物易物的情況下，必須要有某種能使項目具有共量性的估價。其實，在這裡這種情況似乎是一種簡單以物易物的方式。有食物的供給者、鞋子的供給者、食物和鞋子。如果鞋子的價值超過食物，那麼食物供給者需要按比例提供比製鞋者提供鞋子更多的食物。換句話說，食物的供給必須依鞋子超過食物的相同比例，依此多於鞋子的供給。（假使單隻涼鞋值十五顆無花果，如果這是一個公平的交易，那麼農夫爲了他的一雙涼鞋必須支付超過三十顆無花果。）關於如何完成所交換東西的相對估價，這裡完全沒有說明這一點。不管亞里斯多德是否打算解釋公平的定價是如何產生的，事實證明對所有人來說，把比例引進解釋中是非常含糊不清的。但是，有一件事是相當明確的，即原則上交換結束時有可能一方獲益比例上較多，另一方比例上較少。如同亞里斯多德在說明矯正性正義時所言，損失和獲利的條件來自於對自願交換的描述，其中所得比最初要少的情況稱之爲遭受損失，所得更多的稱之爲獲利，這當中雙方於交換前後在擁有相等分量上是相互對立的（《尼各馬可倫理學》，1132b11-20）。

有關所有如何定價及什麼使交易公平的這些問題（以及關於是否這是經濟理論的濫觴，這些有時候會被提出的相關或甚至是隱晦的問題），現在將其擱置。這裡的問題是：當某人在商業的交易中獲利，也就是所擁有的在交易之後多於交易開始時的情況，他作出不公正的事嗎？而且，如果是這樣的話，那麼第二種獲取的技藝看起來好像具有明確不道德的目的。對亞里斯多德的理論來說，這好像是個問題，因爲他就似乎致力於使得一些城邦生活的某個必要部分是確實不公正的。我認爲這不同於較常見的情況，在後種情況之中會有一些太低賤的工作，以致於最好的人們無法加以從事。說獻身於財務利潤的生活如同是獻身於體力勞動的生活，它是德行的障礙，因爲它不利於較高層次人類能力的發展與運用，這麼說是一回事，如同亞里斯多德毫無疑問地這麼做；說此種生活因此確實是不公正的，而人類的生活需要有惡德，這又是另一回事。另一方面，在《政治學》的討論之中，至少在轉向提出實際的建議和引進關於泰利斯的故事之前，亞里斯多德談論了被界定爲致力於賺取利潤的商務交易，確實他的語氣暗示它完全是邪惡的，雖然在這麼多文字中他並沒有把它完全說出來。而且，在《尼各馬可倫理學》之中討論正義之中，對於交易上的互惠有複雜與令人昏頭的解釋，這項簡單的事實確實也指出可能會有不公平的交易，而且不公平的正是那些導致賺取利潤的交易情況。

然而，最終亞里斯多德似乎使得自願交易成爲並非是不公平的，至少以該不平衡爲理由來說它不是不公平的，甚至是在交易結果失去平衡的地方也是這樣的。他指出並沒有任何有關賺取利潤的法律制裁（《尼各馬可倫理學》，1132b15-16）。他可能被視爲只是提到當代的實務，不過人們仍期望他會有所批判，假使他認爲該實務對明顯的不公視而不見的話。對於解釋爲何允許清楚確定之不公不受懲罰的法律或治理，他確實沒有關於限定這種法律或治理之範圍的看法。而和這一點相關的是，亞里斯多德認爲個人不能自願地成爲不公的受害者，不能對自己不公。事實上，他明確地提及有人自願地以多數來交易少數，是因爲他自願地放棄他所擁有的，所以不是受到不公地對待（《尼各馬可倫理學》，1136b9-11）。當行動是在沒有強迫之下執行的，而且行動者知道發生了什麼事時，行動是自願的。泰利斯的榨橄欖油機客戶可能因此協助了泰利斯賺取利潤而達成一筆不好的交易，但是因爲沒有任何人拿槍指著他們的頭，加上他們知道自己是爲了什麼付錢及爲此所付出的，所以並沒有任何的不公施加在他們身上。實際上，在《尼各馬可倫理學》之中討論慷慨這項德行時，亞里斯多德指出慷慨者在金融事務上成爲好的合夥人，因爲他們是不喜愛金錢的，所以可以是受到不公地對待的（1121a4-5）。我們似乎可以有把握地說，他在這裏不是暗示小偷的情況，使用正義的語言不是提及實際的惡德，而是提到營利和承擔損失。慷慨者不是被欺騙或脅迫之下才承擔損失，他們是相當自願地這麼做，因爲他們完全不在乎甚至積極渴求以自己的利益爲代價來使對方獲利。和慷慨相關的惡德之一的確涉及到營利，而且是受到獲利的慾望所激勵的。這裡的這種營利似乎是邪惡的，因爲是以骯髒的方式賺得的，例如以拉皮條或經由高利貸，或者因爲它是騙人的，就像小偷小摸。連這種該受責備的營利都不眞正算是不公正，其似乎是必須要有更加驚人的攫取，像是一位僭主洗劫某個城邦一般（《尼各馬可倫理學》，1121b31-22a7）。說當損失是不自願時，這種營利變成在道德上是有問題的，這種說法是很吸引人的。有一種自願的和非自願的「混合」（mixed）行動，它發生在行動者無法有任何眞正選擇的情境中。亞里斯多德所提出例子中的一個是風暴中把貨物丟入海裡，所想的是除非這艘船不這麼做就即將沉沒，否則沒有一個試圖以船運來賺錢的人會自願地或故意地做這樣的事（《尼各馬可倫理學》，1110a4-12）。人們可能覺得此壟斷的例子並非完全不同於這種情況，因爲假使這項代價不是失去收成的話，泰利斯可能強迫他們支付他們所不願意支付的。然而，亞里斯多德顯然不把他們放在一起，或者更有可能地，就只是不認爲出現在壟斷情況中的那種強迫夠強大到包括在內。而且事實上，因爲在這些「混合」情況的這種環境下，他們是以其行動當時的本來眞面目被欲求與獲得確認的，所以無論如何他是把這些情況看作主要是自願的。

因此，最終對於所有嘗試要營利的，或者說嚴格來講會落入第二種獲取的技藝那種實務之下所有貨物交易中來使用金錢，亞里斯多德還不至於說這些都是不公正的。事實上，考慮到他在著手指出此項原則具有非常廣泛的適用時，是帶著明顯愉悅之情在講述泰利斯及其壟斷榨橄欖油機的故事（1259a18-21），更不用說其清楚確認到城邦常需要大量金錢這個事實，他是沒有辦法保持一致來貶損所有嘗試賺錢的方式。但是，他所能夠批評的是在促進此家庭或城邦的眞正幸福上，致力於把財富作爲目的本身來追求，或者說是爲了任何使用該財富之外的其他任何目的來努力追求財富。事實上，因爲狹隘地來看，我們難以區分由適當關心家庭或城邦的這種善的人們所正確從事的活動，和只是尋求營利者所從事的活動，以致於這麼容易混淆這兩種獲取財富的方式。假使一者只和耕作及狩獵有關，另一者則只和商場有關，那麼他們會是更爲明顯不同的活動。因爲對於爲了適當目的而追求財富或利益的這項技藝，並沒有任何截然不同的主要內容，所以在這一點是模糊的。針對美好生活所需要的（縱使在作爲所有必要之善的代替者上，食物或許是金錢最好的對比，但是這裡的需要所包含的確實不只是食物），是存在著獲取這些需要的這種技藝。還有交換貨品以追求利潤的這種商業實務，其尋求無限的金錢。

此外，又有在良善使用財富當中的德行，甚至是對於非常大量財富的使用。他清楚地把它視爲一種善，儘管當然只是作爲工具的善。正如他在批評《理想國》所描述之城邦的共產主義此過程中所提及的，不只在實踐節制而且也包括慷慨的實踐上，公民應該擁有足夠的財富（1265a29-41）。也記得《尼各馬可倫理學》列出一種不同於慷慨的德行，是涉及到大量財富的適當花費。然而，獲取不同種類財富所要從事的活動，範圍是很廣泛的，從道德上無啟發作用的，如在耕作或狩獵之中，致力於從自然的物體直接生產必需品的情況，到明顯只在追求盈利的任何交易活動之確實有害的情況。最終，對於他的最好城邦之公民來說，也就是將要擁有完全德行的人們，他是不允許他們從事任何種類的財富獲取。手工勞動使人偏離智性追求，至於致力於謀求盈利的貿易活動，就算看起來是爲了高尚目的而做這種活動，除了會使人偏離智性追求之外，有可能讓它的實踐者開始相信財富的非工具性好處。但是這裡在第一卷之中，他的立場或許還是稍微愼重的，雖然手工勞動受到鄙視，但是體貼理解底下的耕作和動物飼養似乎是可接受且受到鼓勵的，如同對於巧妙獲利之商務活動的某些理解一般，尤其是後者對城邦而言也是需要的。然而。對於實質上不莊重的活動，或者至少是無助於德行或適當發展高等理性能力的活動，某種保持距離的熟悉和監督的能力，顯然並不會阻礙德行的發展。事實上，之後在《政治學》之中描述應該教導兒童從事何種事物時，他主張應該教導兒童有用的事物，直到他們會轉變爲只是工匠爲止，在這裡該活動對自由民就成爲了不適當了（1337b4-14）。他接著立即說學習任何事物之中所致力的目的是事關重大的，而當學習是爲了自己、爲了朋友或是爲了德行時，那些不是這樣的話會不適當的就可能不會是不適當了。

首卷在最終章回到起初所提出的問題之一，即治理的性質，尤其是治理家庭和治理城邦之間的關係，以此來結束第一卷。他在一開始說了它們是不同的，明顯是回應柏拉圖在《政治家》（*Statesman*）之中所作的相反主張，儘管他並沒有說出柏拉圖的名字。他當下總結他的論證。治理家庭是較不高貴的活動，因爲相較於城邦之中受治理的男性自由民，其領事者（這位男性自由民）所掌管的這個家庭成員（女性自由民、奴隸和兒童）是比較劣等的。但是，相較於那些不關心和不治理該家庭之人類成員，而是把治理家庭視爲只是獲取財富的技藝這些人，當領事者將家庭治理完善時，是比那些人所進行的治理更加高貴。比起此城邦，家庭在複雜性上也遠遠不及，但是把此城邦視爲只是某個較大的家庭會是一項錯誤，亞里斯多德認爲這是柏拉圖在《理想國》之中所犯的錯誤。然而家庭是這種城邦的一部分，而且它的目的是隸屬於此城邦的目的。這種城邦作爲一個致力於最高目的的社群，加上其他活動或共同體的目的被認爲都是隸屬的，這項事實要求要按照此城邦的目的來界定其他的目的。所以，雖然治理家庭和治理城邦是不相同的，但是最終發現它們並不是沒有關聯的，因爲家庭的適當治理需要在著眼此城邦的這種善之下來完成。由於所有理性的人類活動之最終目的是此城邦的這個目的，而不是此家庭的這個目的，所以家庭必須以符合或促進這個城邦的這種目的的方式來過生活。因此，當亞里斯多德指出這個家庭成員需要接受教育，而這種教育又需要著眼於這些成員生活於其中的這個城邦的政治結構，他以此來結束首卷應該沒什麼好驚訝的。這在任何實質性的方面到底是怎麼回事，這一點是模糊不清的，但是這裡指出此家庭是全然隸屬於這個城邦，這一點卻不含糊或令人感到驚訝的。所以，結果是只有治理家庭這個活動的最狹義觀點，才使它作爲一種不同於政治治理的專門技能，因爲最終要完全理解此家庭的這種善，就必須要理解此城邦的這種善。

進一步閱讀的建議

關於此城邦的自然性，參見 Keyt, 'Three Basic Theorems in Aristotle's *Politics*'（載於 Keyt and Miller, 118-41）及 Roberts, 'Political Animals in the *Nicomachean Ethics*'（*Phronesis* 34, 1989, 185-205）。對於一系列有關亞里斯多德之目的論的看法，參見 Cooper, 'Aristotle on Natural Teleology'（載於 Schofield 與 Nussbaum〔編者〕, *Lanuage and Logos*, Cambridge: Cambridge University Press, 1982, 197-222）、Sedley, 'Is Aristotle's Teleology Anthropocentric?'（*Phronesis* 36, 1991, 179-96）、及 Judson, 'Aristotelian Teleology'（*Oxford Studies in Ancient Philosophy* 29, 2005, 342-66）。有關奴隸制，Smith 的 'Aristotle's Theory of Natural Slavery'（載於 Keyt and Miller, 142-55）與 Schofield 的 'Ideology and Philosophy in Aristotle's Theory of Slavery'（載於 Patzig, 1-27）是有幫助的。也可參見 Mulgan 的 'Aristotle and the Political Role of Women'（*History of Political Thought*, 15, 1994, 179-202）。針對古代思想家採取可能的或適當的那種批判立場，關於這方面參見 Wiliams 的 *Shame and Necessity*（Berkeley: University of California Press, 1993）和 Moody-Adams 的 *Fieldwork in Familiar Places*（Cambridge: Harward University Press, 1997）。有關亞里斯多德的經濟思想，或者關於是否有像亞里斯多德之經濟思想這樣的東西，參見 Meikle, *Aristotle's Economic Thought*（Oxford: Clarendon Press, 1995）和 Finley, 'Aristotle and Economic Analysis'（載於 Barnes, Schofield and Sorabji, 140-58），以及 Judson, 'Aristotle on Fair Exchange'（*Oxford Studies in Ancient Philosophy* 15,

1997, 147-75）。對於這整本書的探討，參見 Saunders 在 Clarendon 系列的書（1995）和 Mulgan 的 *Aristotle's Political Theory: An Introduction for Students of Political Theory*（Oxford: Clarendon Press, 1977）。

第三章　正義

如我們已經看到的，亞里斯多德把此城邦描述爲功能上不同的人們所組成的社群，這些人們在規模與複雜程度上足夠大到經營美好的生活，這個描述是在區分這種城邦和其他社群的過程中引入的。特別是家庭和村莊是此城邦的組成部分，但是他們在規模、複雜性和目的上面不同於此城邦，也因此他們的治理者需要的能力會有些不同。這些論證確立此城邦作爲道德的或政治的分析之基本單位，因爲這些論證把此城邦描述爲追求幸福或美好生活所必須要有的這種社群，也就是說，運作人類的德行所必須要有的這種社群。

用最一般的術語來說，從此之後的任務是找出何種特定的政治安排最能夠達成美好生活這項目的，這是適用所有城邦或甚至是所有人類行動。亞里斯多德把組成此城邦這些人的安排或組織稱之爲某種體制（constitution, *politeia*），因此從首卷的末尾起，主題是許多對於居住者可能的階層安排或體制哪一種最能實現美好生活的這項目的。隨著這項工作的進行，這個問題更加聚焦與分化。

卷三開頭十二又二分之一章，針對什麼算是城邦和城邦組成部分之中的善給予大致的描述，這可視之爲提供了道德的或規範性的架構，以對體制進行更詳細的討論。首先是以更加明確政治的術語重新界說此城邦，把它定義爲公民的集合，而它的特定身分此時則和體制的形式聯繫在一起。現在這個重點從把此城邦設想爲讓它成爲政治社群所必須要有的所有人所組成的這個社群，逐漸轉向把此城邦視爲這些公民成員所組成小得多的子集合。儘管非公民成員占人口比例的絕對數量，也儘管他們對此城邦之持續生活具有重要性，他們現在非常大程度地位居後臺。一直到《政治學》最終幾卷談論這個可能是最好之城邦中的日常生活細節時，他們才重新出現。這個體制起初被描述爲此城邦中居民的安排（1274b38-9），接著之後被描述爲對於官職的安排，特別是對於最具權威性之官職的安排（1278b9-10）。因此用更加亞里斯多德式的術語來說，這種體制就是此城邦的形式，它會是使某既定城邦成爲界定它是這樣的城邦之特定體制形態（1276b9-11）。因爲城邦是功能上分化且層級組織下安排的團體，在生活及美好生活之下聯合，因此該層級組織的確切特性是特定城邦之身分的主要決定因素，同時是這些城邦彼此間規範上相關差異的主要關鍵因素。因此嚴格來說，要解釋某個城邦持續是相同的城邦時，要看的是它的體制形式，而非是否具有相同的位置或甚至是人口。如同亞里斯多德所指出的，這就像悲劇合唱團和喜劇合唱團的情況，即使是由完全相同的人所組成的，也算是不同的合唱團（1276b4-6）。他也確實承認，這種確認城邦的方式單獨來說並不是指政府結構的改變會使得協約及契約無效，因此這至少意味著儘管他在哲學上偏好形式作爲本性或身分的決定因素，但是實務上這種偏好可能並不這麼直截了當地適用。無論如何，這不是一個他在這裡所關心的問題。對政治哲學而言，這個問題或更加重要的問題是：什麼讓某城邦成爲良序的或好的城邦？在當中好的城邦被理解爲成功實現該城邦所致力追求之美好生活的城邦。到頭來，好的城邦其公民會是好公民，而且是由正當的人帶著正當的目的進行治理的這些城邦。

一方面是獲致某些個人的善及自由，另一方面則是獲得其他必要的善，當政治社群被視爲是這兩者之間的妥協時，該社群的主要優勢自然地被設想爲公平地執行所希望實現的平衡。相當易於看出正義在此是有關公平、均等及這個共善，不過在以亞里斯多德的此政治社群想法爲背景之下，這些關懷呈現一個不同的形態。某種層級組織的社群對我們種屬的成員而言是自然而然的，對於亞里斯多德來說，這種社群被視爲是既定的。與其說是競爭性或貪婪使得社會及政府成爲必要的，不如說純粹是任何個人在追求美好生活上有著根本的不足。這樣一來主要的問題不是政治權力的存在本身，而是在於誰獲得此種權力及獲致者如何加以使用。是這種層級體系的性質引發正義問題，而不是這種層級體系的事實。作爲某個政治社群的個人成員，以及因此一般來說遵從該政治社群的法律，這似乎是不需要加以辯護的。如我們所見，需要加以辯護的不是一個人統治另一個人這個簡單的事實，不管在特定的情況下，這種統治可能變得毫無道理。換句話說，把第一卷之中所描述的這種政治社群的想法牢記在心是重要的，它把後續出現的所有事物都著上了色彩，從公民的德行，一直到分配性正義之原則的幅度和應用。因爲任何個人功能上的不完整性，所以政治社群對於人類的幸福是必要的，這是從頭到尾都這樣的假設。一種美好的人類生活只能以作爲政治社群的組成部分而存在。

好公民

如同卷一，他從著眼於此城邦的組成部分開始，不過現在是在政治的方面加以回應，所以組成的部分是公民。那麼，公民（*politēs*）嚴格地界定爲參與立法或司法職務者（1275a22-23）。這是想要區分公民和僅僅是居住者，不考慮此城邦作爲一個自足的社群在生活上多麼需要這些居住者，以便讓此城邦的政治組成部分成爲此政治群中眞正的政治參與者。這不僅切掉作爲這個城邦產生重要功能之組成部分的女性、奴隸、兒童及外邦人，如亞里斯多德所承認的，而且這當然也是對於平民政體之公民的描述（1275b5-6）。擔任公民職務的資格隨體制而有不同，由於嚴格遵循這個界定，在非平民政體的城邦中，則只有極少數的公民。亞里斯多德本身時常使用這個字提及所有自由的、本地出生的成人居住者。例如：他記述了把公民界定爲出生自公民父母的人這種通行做法，但是沒有抱怨這樣會把女性算作公民（1275b22-24）。對於非平民政體的體制，他經常將其描述爲只給予一部分公民政治權力，事實上關於公民德行的討論，確實看起來並不侷限於承擔司法或立法任務者的德行。

把此城邦描述爲公民之集合，加上之後把公民初步及暫時認定爲有資格擔任立法或司法公民職務者，這自然導致公民德行的討論。現在把公民視爲此城邦的基本組成部分，而如果認爲此城邦應當是一個好城邦的話，這裡的根本問題是：公民必須是什麼樣子的呢？他們必須是公民職務的優秀參與者，這是不言而喻的。透過詢問好人和好公民是否是相同的，描述了公民德行的必要條件。在這裡，亞里斯多德倫理學作品對於人類德行充分詳述出來的想法位於直接的背景中。德行或卓越和功能或本性相互連結，任何事物的德行解釋了它是同類之中好的一員。好的或良善的人是把人之所以爲人所會從事的做好的人，可以說他是同類生物中的好榜樣。這種生物是有理性的，具有能夠且應該一致於理性的情緒和嗜慾。這種完全良善的人會具有實踐智慧，也就是一種對於此人類善完全摸索出來的理解，因此這也是一種政治的睿智，加上具有支持那種理解的情緒與慾望。這樣一種人的生活是客觀上好的人類生活，所有人類的活動都是準確地或不準確地、有意地或不經意地致力於追求這種生活。換言之，這種德行的生活是此美好生活或這種幸福生活。完全就此社群是致力於追求幸福或美好生活而言，那麼這個好的城邦會需要德行的運作及促進德行的發展。然而，在這裡德行作爲妥善的功能運作這個觀念具有含糊不清的涵義。一方面，生而爲人使人成爲政治的動物或此城邦的自然組成部分，至少在某些情況下，成爲自然的公民，由此人們會直接期待人類德行和公民德行都是一樣的。另一方面，此城邦依界定是不同人所組成的社群，這些人在層級的安排之中履行不同的任務。

針對人類德行和公民德行兩者之關係這個問題的答案，毫無疑問地反映了此政治社群的這種根本層級的想法，以及「公民」的意義在公共官職可能持有者和某種更接近居住者的東西這兩者之間的變動。回想一下，卷一末尾有關家庭不同成員之德行的討論，對於所有情境中及具有任何本性的人類而言，亞里斯多德不認爲有任何理由設想德行是相同的。在家庭之中，一如既往對亞里斯多德而言，德行是和功能以及尤其是家庭之基本層級制度中的地位連繫在一起的。因此，爲了要描述自由男性的德行，在那裡只有他們才算是完全的或純粹的人，雖然女性和自然奴隸的德行和自由男性的德行有關，但是由於不同的基本天性和所涉及不同但適當履行的功能，他們的德行並不完全相同。對於此城邦中公民之間的德行，我們得到一個相同的以功能爲本的分化。此政治社群是由其不同的成員來履行各式各樣的功能，這對它來說是明確的。那麼，就這些成員所從事的是有所不同來說，清楚地需要有不同的德行才能妥善履行特定的功能。

正如同水手是某個社群的一員一樣，因此我們說公民也是這樣的。在水手們職責上是有所不同的範圍內（因爲有的是槳手、有的是領航員、有的是瞭望員、有的是有另外這種其他稱呼的水手），對於每一個水手之德行的最精確說明，顯然會是每一者所特有的，然而也會有一個適用於所有水手的共同說明。由於所有他們的職能是航行的安全，每個水手都以此為目標。對於公民情況也是相同的。雖然他們彼此相異，維護此社群的安全則是他們的職能，而體制就是這個社群。正因如此，公民的德行必然是和體制有關的。由於有許多形式的體制，所以顯然不會有一個卓越公民的單一與完全之德行，但是我們的確說人是因為具有一種完全的德行而是好的。那麼顯然有可能有人不具有會讓他成為一位卓越的人之德行，但他會是一位卓越的公民。

（《政治學》，1276b20-35）

這個描述把公民德行說成具有兩個層面。第一個層面和每個公民所履行的特定的、必需的公民職能連繫在一起。亞里斯多德考慮到此社群的自足要求像這樣的事情，即底下基本的公民任務得到執行：食物供給、提供生活必須工具的工藝業務、軍事防禦、財富給予、祭司的宗教行為、審判與立法（1290b38-91b1; 1328b5-19）。作為此社群的好成員或作為一個好公民，其中的一部分是承擔這些必要的職能之一，並且把它做好。此外，如同具有不同職能與德行的水手一般，此政治社群的成員們也具有一項共同的目的。因此，就每個成員有助於完成該共同目的而言，他們會具有一個共同的德行。對於這個他們作為其成員的社群，所有好的公民會致力於維護此社群。然而，因為體制形式的多樣性，這些社群在形態和結構上會有所不同。因此，在每種情況下什麼是要加以維護的，以及到達那種程度下維護的方法，還有因而成功獲致這些目的所需要的德行，這些都會有所不同。讓公民德行和體制相互配合，亞里斯多德常指出這一點但卻從未加以解釋。或許他認為具有不同治理形式的城邦在人民的性格和生活上有如此明顯的差異，也許是雅典人的著作當中常常加以比較雅典

（Athens）和斯巴達（Sparta），以致於他們不需要任何進一步的評論。例如：這個想法可能是凡有陪審團的地方，合格的公民需要是優秀的陪審團成員，在其他地方它則是無用的天賦或能力，或者至少不是直接構成公民卓越的那種。他在這裡也可能或者另外想到更爲廣泛的德行觀念，某種相對於體制的德行觀念。公民所需要接受的教育要能夠讓他們成爲支持該體制的那種人，爲了體制的穩定性有必要這麼做，這是到處經常可見的一個評論（1310a12-36; 1260b13-20）。甚至對於家庭的非公民（嚴格來說）成員，這也是適用的。此外，這在任何達不到理想體制的情況下意味著什麼，令人遺憾的是幾乎沒有以正面的方式對此提及隻言片語。例如：雖然亞里斯多德確實批評斯巴達致力於培養男性公民的忍耐或毅力，作爲其過度強調軍事德行的一部分，但卻同時不一致地允許女性沉湎於奢華，這會有種種無趣的結果（1269b12-1270a15）。從這當中得到一個提示，這個圖像似乎是不同的城邦可能達成或致力於不同程度地接近完整且完全的德行，但是爲了每個城邦的穩定性，重要的是個別公民要具有維持該體制的任何形式之德行。因此，我們再一次地看到德行或卓越會隨著職能或任務而有所不同。這些都旨在確立這個簡單的結論，即因爲公民德行形式各異，所以它無法直截了當地等同於完全的人類善或德行。

那麼這個問題是它是否總是都會一樣的，從人類德行作爲卓越政治動物之德行的這個根本概念，也就是說，政治上明智者的德行，再次很快地產生這個回答。對於差不多所有亞里斯多德之問題的這個答案，是「部分的是和部分的否」。完全的德行和從事治理之公民所具有的德行是相同的，但是該完全德行之組成部分的實踐智慧只有從事治理是需要的，被治理則是不需要的。被治理者憑藉著正確的意見，不必具有那種成熟的實踐智慧之中所涉及對於此種善的完全理解，就能夠做得很好（1277b25-29）。那麼，公民德行的踐履基本上是爲了支持現在的體制，而且是透過妥善地履行一些必要的職能做到這一點。在從事治理這種最重要職能的情況下，良好表現即是完全且直接地運用完整與完全的品格德行。在這裡，《理想國》中以此城邦內的正義作爲各自從事其分內的工作，加上統治階層展現完全的人類德行，這個圖像或許會適切地浮現在腦海中。亞里斯多德並沒有標記和柏拉圖相同之處的習慣。

關於這個討論似乎是有趣甚至是令人震驚的，與其說是亞里斯多德得出的這個答案，如同所已經提出來的，考慮到他關於德行和關於此城邦的一般觀念，這個答案是相當直接了當的，不如說是關於公民德行和道德德行兩者的相容性或可能的衝突，沒有就這方面提出任何問題，或者說假設沒有想到這方面的問題。對亞里斯多德而言，這個問題似乎只是這兩者是否是完全相同的。認爲這個有關道德德行和公民德行之間關係的迫切問題與可能衝突的問題相關，這似乎是很自然的想法。尤其它似乎是一個有關什麼時候公民應該遵守法律的問題。這種想法是好公民遵守法律，但是好人有時候可能或應該不甘於依法律規定的方式行動。然而，在關於正當性的一般性問題這個背景下，在一個被問到政府治理公民的權力基礎，以及作爲道德事務，多大程度該權力應該被視爲是延伸的，於此脈絡中這是一個自然而然出現的問題。顯而易見地，在這裡這根本不是亞里斯多德的計畫。把此城邦及其治理的層級制度描述爲自然的，這並不是提出來作爲對可能臣民之政治權力的辯護，而是爲了那些要妥善地行使政治權力的人，作爲對比於次級種類之權力所進行的政治權力分析。如我們所已經看到的，根本的區別是道德德行的解釋並不是獨立於某種公民德行的觀念而達成的。亞里斯多德並不是以必須把公民德行和道德德行之間可能的衝突視爲是至爲重要的這種方式，把這兩者的根源看作是截然不同的。把道德德行當作是獨立於任何政治關切而界定的，然後公民德行被界定爲服從法律，在這當中就會出現顯著的鴻溝。儘管大致假設上服從會是正確的，因爲服從法律通常可以增進穩定性，這是公民德行所力求加以維護的，但是在亞里斯多德對於公民德行的描述之中，沒有任何跡象顯示公民德行要求盲目服從法律。說的更確切些，雖然對亞里斯多德而言道德德行不同於公民德行，但是前者並不是完全和後者無關。那些公民職能是從事治理的人必須要具備的品格狀態，是完全的道德德行，如同在倫理學作品中所描述的一般，這絕非巧合。《尼各馬可倫理學》對於要描述其德行的人們從一開始就視之爲公民，認爲每個人都致力追求的美好生活並不是與世隔絕的個人美好生活，而是每個作爲某個社群之成員的美好生活（《尼各馬可倫理學》，1097b8-11）。實踐智慧作爲包含所有其他德行的這種完全的德行，它最好與最完全的形式就是政治智慧（《尼各馬可倫理學》，1141b23-33）。因此，雖然不是充分意義上的一個好人有可能說是一位好公民，但是這不是因爲標準是完全不同的，而只是因爲對於非治理的公民角色而言，根本不需要完整的德行。另一方面，如果身爲一位好公民所從事的是有助於此城邦的，而非只是遵循任何剛好是現存的法律而已，那麼不是一個好公民就不可能是一個好人，這看起來是合理的。

好的體制

如我們即將看到的，亞里斯多德非常樂意就法律或政治體系缺乏正義這點加以批評，所以未能就是否遵守法律總是好的進行提問，這肯定不是無法確認政治體系可能的缺陷，或無法確認亞里斯多德認爲確實很有可能的缺陷。記得在《倫理學》中討論正義時，亞里斯多德有幫助地區分兩種意義的正義（《尼各馬可倫理學》，1129a31-b1）。在這裡討論體制的形式當中，這兩種意義似乎發揮作用。這兩種正義的任何一種根本上是與他人之間的關係有關連的，透過這項特徵，讓它與其他的品格德行劃分開來，諸如勇氣、節制及慷慨。第一種完全的道德德行是擁有所有德行的這種狀態，看作是讓這個公正的人成爲一個善良的人的這種狀態。「這種正義是完全的德行，不是沒有條件的，而是關係到另外一個人」（《尼各馬可倫理學》，1129b25-27）。如果這種個人的德行本身不是社會動物所具有的卓越的話，顯然這種和他人的關聯性不可能是一般的道德德行的一項特性。另外一種正義比較狹隘，它是其他各種德行之中的一種德行，主要是和分配可分享之善當中的公平有關。存在另外的德行，這些是和比如財富或榮譽的適當運用及對待的態度有關。在要分配這些相同善的情境中，是否所有相關的人在相對於其他人之下都能得到他們應得的，這是關於這些討論中之善的根本問題。這種分配性正義透過處理這類相同的善，而與其它的德行有所不同。缺乏第一種比較廣義正義的人顯而易見是完全地邪惡的，缺乏第二種比較狹隘正義的人是貪婪的，貪婪只是邪惡的一種。

把體制的形式劃分爲正確的與異常的，取決於是否治理是在追求共同的優勢、好處或利益，或者是爲了治理者本身的好處，這種劃分借助這個比較普遍的正義觀念。說某個城邦的治理著眼於整體的善，這是對於某城邦中之優點非常廣泛的描述。實際上，亞里斯多德更常只是描述這些體制的形式是正確的，其他的體制形式是異常的，而不是以公正或不公正加以描述（1279a18-20）。在最初依據治理者的數目進行劃分的分類上，僭主政體是崩壞形式的君主政體，或者是由一人所治理，寡頭政體是貴族政體的崩壞形式，或者說是由少數人所治理，平民政體是公民政體（polity）的崩壞形式（polity 這個字的希臘文是 *politeia*，通常翻譯爲「體制」（constitution）的這個字）的崩壞形式①，或者說是由許多人所治理（1279a33-39）。對於平民政體和寡頭政體的描述後來有了調整，平民政體成爲由貧窮者來治理，寡頭政體是由富有者來治理（1279b39-41）。君主政體、貴族政體和「公民的」政體都致力於共同的善，是正確的。他可能在想一個城邦是致力於該社群成員們之善的某個社群，以至於因爲統治者的墮落未能致力於該目的者，這一點也不是真正的城邦。或者，或說此外，這可能是治理者並不是真正的治理者。因爲政治治理和其他種治理不同之處，最明

① 對於爲何把「polity」譯爲「公民政體」而非「共和政體」，參見亞里斯多德（Aristotle）著（顏一、秦典華譯），《亞里斯多德：政治學（雅典政制）》。臺北市：知書房出版社，二〇〇三（頁一三七—一三八注九）。另外，原書這裡「constitutional government」和「公民政體」兩者並列，所指的就是寡頭政體和平民政體混合的公民政體。——譯者注

顯的是不同於作爲奴隸的主人，是在於它部分地是關心被治理者的利益，所以對於只想著自身好處的城邦治理者，嚴格來說一點也不是在進行如此界定的政治治理（1278b33-79a1）。亞里斯多德於此再一次模仿了柏拉圖，使專門的政治治理者在定義上成爲了關心臣民利益而非自身利益的人。

由於治理者致力於促進共同的善，所以體制的形式大體上是正確或公正的，或者由於治理者只關心他們自身的善，因此體制的形式大體上是異常的或不公正的，除了這樣的劃分之外，在根本的治理結構上或在誰任官職的這些大類別裡面，也有明確的重要差異。具有某種權力的人人數有多少，不只體制之間會有不同，而且被使用來作爲這些權力主張之根據的特質也有重大的不同。要緊的問題是誰應該得到這種公共的善或榮譽（*timē*），擔任官職被認爲是得到了這種善或榮譽，或者說基於什麼理由來分配官職。那麼基本上這是一個關於誰值得成爲狹義正式意義下之公民的問題，在這種意義下公民有資格從事某種司法或立法工作。針對公平分配這種擔任政治官職之榮譽有各式各樣的主張，對於這些主張之可信性冗長的辯證討論佔用了卷三第七至十三章，這種討論毫無疑問構成了《政治學》的哲學重點：關於此城邦最爲根本的道德議題是由誰來治理。因爲這個關於治理的問題被設想是和分配性正義有關的，所以第二種比較狹義的亞里斯多德式正義現在登台亮相。以亞里斯多德的術語來說，這意味著它和成比例的平等有關，好處是依照優點或價值進行分配的。具有相等價值的人們應該得到相等份額的好處，而具有不平等價值的人們則應該獲得不相等的份額，所得和他們不平等的價值成比例。亞里斯多德將此描述爲和幾何的比例有關，在當中「各組成部分彼此之間所處的關係，如同整體之間相互所處的關係」（《尼各馬可倫理學》，1131b13-15）。如果要以最初的貢獻爲基礎來分配共同的資金，而最初的貢獻是優點或價值的量尺，那麼在所作貢獻上有其他各個十倍之多的一方，應該得到各個所得的十倍作爲回報。當然，困難的地方在於確定價值或優點的標準與量尺。

這個問題被引進作爲寡頭政治執政者和平民政治執政者之間辯論的一個層面。亞里斯多德認爲雙方都從事了像是正義的事，但是最終都下了不好的判斷。

> 他們認爲正義是平等，而事實上它是平等，但是並非對所有人而言，而只是對平等者而言；他們認爲不平等是正義，實際上是如此，但是也並非對所有人而言，只是對不平等者而言。他們都略過了「向誰」進行說明這個部分，而作出了拙劣的判斷。（《政治學》，1280a12-15）

而且進一步地，「一方在某一點上不平等，如財富，把自己視爲全面不平等，另一方因爲他們在某一點上是平等的，具體說來在自由上，就認爲是全面平等」（1280a23-25）。雙方都沒有說到中心論點，也就是對於正在分配其好處的這個社群，它的性質必須是首要加以考慮的因素。如果這個城邦是爲了生產財富而建造的社群，那麼個人在此城邦中的份額就會和貢獻給該共同追求的金錢數額成適當的比例，但是此政治社群的情況當然就不是這樣。雖然藉由回到卷一之中對於此城邦的最初描述，亞里斯多德即將要說的一切都安排妥當，但是以這種方式來表達這個議題，迫使他在這裡關於他是如何思考此政治社群上要更加明確。爲了像是共同防禦或貿易而有了政治社群之間所建立的那種軍事的或商業的聯盟，即使人們在這種聯盟之中彼此團結，他們也不是像公民那樣相互聯繫起來。「那麼顯然地，一個城邦不僅僅是爲了貿易或共同預防傷害而共享場所而已」（1280b30-

32）。光是把通婚的權利加入這些軍事的或商業的契約之中，這樣也無法使得各當事人之間的關係成爲同胞之間的關係。即使當事人彼此比鄰而居，只要他們只具有那種相互間契約協議的關係，事實上他們仍然不是如同同胞那樣相互聯繫起來。對於只是經由商業的契約或軍事的聯盟而建立在一齊的團體或城邦，亞里斯多德還提及若干缺少的重要特徵。

雙方都沒有設置處理這些事務的共同官員，而是各自有他們自己的官員，在某城邦的那些人也不關心另外城邦中的那些人應該是什麼樣的人，或者協議沒有涵蓋任何不公正的或壞的，而只有他們不能對彼此不公平。任何關心良好治理（*eunomia*）的人都會考慮公民的德行與惡德。眞正稱得上是城邦的而不只是爲了討論才如此的就必須關注德行，否則此社群成爲了只是在位置上不同於各方聯盟的一個聯盟，各聯盟在地理上是分開的。而法律變成了契約，如智辯者呂哥弗隆（Lycophron）所說的，「一種交換式正義的保證人」，而無法使公民良善與公正。（《政治學》，1280a40-b12）

亞里斯多德在此提醒我們，此城邦是以追求完全與自足生活爲目的的一個社群（1280b34-35）。這就回到卷一論證有關此城邦之自然性的圖像，而此轉而重新引入關於共同生活及聯合職能的想法。因此再次地，此城邦不是一群只爲了避免相互傷害而建立制度的人們，或即使是爲了協助彼此滿足基本需求而建立像商業這種制度的人們，而是一群彼此生活聯繫在一齊、彼此相互生活在一起而不只是生活上相互靠近的人們。

由於他們以這種方式生活在一起，所以只要他們關心自己本身的幸福，他們就必須關心彼此的德行，因爲他人的幸福和德行是他們本身幸福與德行的一部分。對我們來說，最接近的模型可能是像參與團隊運動的某個運動隊伍，每個成員的運動員都以表現得好和獲勝爲目的。這不太是「幸福」作爲某種目的的理想類比，因爲生活美好不是像贏得比賽那麼一種隱蔽的事件，但是表現得好（playing well）補捉了這個意義。他們想要作爲一個團體來獲勝，成爲某種團隊運動意指著正是他們只能作爲一個團體來贏得比賽。每個公民所欲求的這種幸福包含了家庭、朋友和同胞的幸福。表現得好所意指的首先是進行他們的競賽：足球隊必須踢足球，即使在棒球上表現得極爲出色並不能算是足球隊的成功。同樣地，過著某種狗的生活不能算是對人而言的美好生活；過著蟻群那樣的生活不能說是某個城邦的成功。這個團隊的成員們承擔不同的位置，假如他們不承擔這些位置的話，就不能說是在進行那種競賽。如果此社群會是一個自足的社群的話，某些任務是必須完成的，換言之，如果它還算是一個城邦的話，不同的人要履行不同的必要任務。每個選手都想要表現得好，而且他們各自都想要以其特定位置所要求的特定方式來表現得好。根據哪個任務對他們所參與之社群是必要的，不同的公民會有不同的德行。況且，對於隊伍中的每個選手來說，他們都想要所有其他成員以各個其餘成員之位置所要求的方式有好表現，從作爲參與某個團隊比賽的選手，以及想要在比賽上獲得成功，可以直接知道他們應該會認眞關注這個隊伍其他人的卓越之處。所以同樣地，因爲除非其他人也是幸福的，否則沒有任何一個個別的公民能夠獲得他們想要的幸福，所以他們需要他人的德行，因爲他人的德行是構成他們自身幸福的組成部分。把這個或許已經延伸得太遠的類推加以擴展，對亞里斯多德來說似乎人類本性上是某種團隊的成員。所以，如果每個人都擅長於其本性安排他去從事的，加上如果所有其他自然地要一齊共同生活的他人都擅長於他們所從事的，這樣才有可能過美好的人類生活。相較於人們只是想要交易貨物，除此之外不要被彼此打擾，很清楚地這是一個非常不同種類的關係。結構上或種類上來說，比起像是城邦之間的關係，這更像是家庭成員之間的關係，儘管它當然沒有自然就出現在那裡的那種強烈情緒聯繫。

以作爲某種社群的方式過好生活，這需要共同從事活動，也就是實質意義上的共同生活在一齊。過共同生活的決定或如同亞里斯多德馬上把它描述爲像朋友一般，這所導致的不只是家庭或氏族之間的婚姻，而且是各式各樣日常共享的活動及民間的儀式（1280b36-38）。一個城邦必然是由比較小的社群及共同體所組成的，這些較小的社群及共同體使城邦本質上不同於軍事或貿易的聯盟。經由再次強調這樣理解下的公民不只是比鄰而居，像綿羊或其他群居但非政治的動物，而是彼此生活的組成部分，這是一切所要說的。因此，各個都要過得好的這個目的成爲了該團體過得好的這個目的。結果是「人應該說此種政治社群是爲了好的行動，而不是爲了生活在一起」（1281a3-4）。這裡重新檢視了此種城邦的這個性質，目的是要確定分配公共善的根據。由於再次發現此目的是過好的或良善的生活，因此會是對該目的有所貢獻的這些人，而且是和他們對該目的之貢獻成比例，他們配得上從事治理或承擔官職，並當作是獲得某種公共的榮譽。在回應自由者、富有者與良善者之間的競爭上，人們會期待亞里斯多德會宣布良善者勝出。顯而易見地，只有在他們能夠直接貢獻於適當理解下的此城邦之幸福時，這似乎是這個故事的結局，但事情並不是那麼簡單。

人們期待的不只是亞里斯多德僅僅把治理的事分配給良善者，還期待他這樣做的直接理由是他們這些人可以把這件事做得最好。尤其是考慮到在《政治學》先於此處關於公民德行所論述的，在公共職務的分配上，特別是分配最重要的治理職務，人們期待的是以最有利於整體的方式來進行，而且很顯然這項工作如果是由能夠且想要妥善把它做好的人來完成的，對整體而言這是最佳的情況。雖然，由良善者來治理確實是亞里斯多德最終表明的偏好，但是理由並不是他們會治理得最好，而是他們應該得到這項從事治理的工作，因爲他們是良善的，因而對於此政治社群的這種最高目的能有最直接的貢獻。這最終會得出相同的結論，因爲擅長於踐履某種重要的治理職能，這個正是能夠使某人成爲此城邦之美好生活的貢獻者。但是，把職務可以說是由上分派給最能幹的和把這些職務看成是由社群授予社群的成員，這些做法之間至少存在著一項重大差異。但是，爲何亞里斯多德提出此問題，把它當作是關於依照個人在社群中的角色而應該給予個人什麼或個人應得到什麼的問題呢？也就是說，爲何他認爲官職是有待分配的榮譽，或者是要加以分享的公共善，而不是要加以分派的某種工作呢？

亞里斯多德提出有關政治權力的這個問題，把它當作是關於誰應得到官職的這個榮譽，而非關於誰能夠最有效行使權力的問題，或許這是他非常直接觀察眞實的世界及該世界之中眞實的政治爭論之下自然的結果。如我們將看到的，對於缺乏良善人員的城邦是有些需要說的地方，這是以這種方式提出問題的一項結果。但是，這個主題作爲寡頭政體論者和平民政體論者之間持續爭論的一部分被引入，這項事實支持了他注意到這個主題是如何被討論的，這是更重要的。在亞里斯多德敘寫這項論題之前，存在著爭論關於何種體制形式是最優良的這個傳統。關於平民政體、君主政體和寡頭政體之相對優點的爭辯，希羅多德（Herodotus）先於希臘民主出現前透過波斯人的口中加以呈現，雖然或許這裡的爭論傳統沒有像希羅多德所提及的那麼古老，但是卻有大量的歷史證據顯示，有些證據出自亞里斯多德本身《雅典政制》一書之中，至少在雅典周遭就有不少特別是有關寡頭政體和平民政體之相對優點的自覺性反省。在雅典及其周遭應該是已經有這樣的對話，這是不足爲奇的。如同我們從現存的文獻所知道的，大體上它是一個高度反思及表達清晰的文化，而且無疑地它自身的政治史爲這類政治的反思提供了充足的素材。某些出現的論證訴諸某種形式而不是另一種變得腐敗之形式的這種可能性，因此和亞里斯多德對於正確形式及異常形式之間的區分有了聯繫，雖然並沒有使用那種語彙或分類體系。其他論證提出或訴諸特定階層之公民所提議應該擁有權力的主張，波斯戰爭之中三列槳座戰船的槳手要求融入，理由是他們對勝利所作的貢獻（由老寡頭〔Old Oligarch〕所記述的）②，這個經典的例子是珍貴的。一般來說，在共同的政治記憶裡，一個從君主政體翻轉至平民政體及（不同程度地）翻轉至寡頭政體並回到平民政體的城邦當中，我們很容易想像，不同階級的公民肯定會有許多實際練習相互提出訴求或彼此反對訴求的機會。一但這種能力到位，它成爲了一項必須加以處理的政治事實。把不要求融入的人們排除，這麼做沒有任何政治的

②「Old Oligarch」（老寡頭）指的是《雅典政制》的這位佚名作者，或者一般稱之爲「僞色諾芬」（Pseudo-Xenophon），可能最早出現在 Gilbert Murray 於一八九七年刊行的 *A History of Ancient Greek Literature* 一書當中（Marr, J. L. & Rhodes, P. J.(2008). *The 'Old Oligarch': The Constitution of the Athenians Attributed to Xenophon.* (https://academic.oup.com/liverpool-scholarship-online/book/37963/chapter-abstract/32495394?redirectedFrom=fulltext)）——譯者注

後果，無論道德上的後果是什麼。一但加以排除被視為是受到羞辱的，它就變得和政治的穩定不相容，並且和政治的善也是不相容的。或者說，亞里斯多德後續的論證意味著如此。

關於誰應該從事治理或扮演積極的政治角色，這個問題的處理是亞里斯多德顯著不同於柏拉圖的一個地方，後者就只是把公共的職位分派給天性上適合這些職位的人們。為何亞里斯多德在這件事上和柏拉圖有分歧，他所關心的是實際的城邦，這無疑地是一個理由，而實際的城邦可能不具有任何天性上就適合從事治理的居民。正如剛才提及的，另一個理由是亞里斯多德更傾向於注意實際的政治爭辯，並因此接受此事實，也就是某種類型的考量成為了經常的與迫切的請求，而必須如此地加以處理。除此之外，他也具有一個比較複雜與精緻的正義觀念，而以他的這種方式來表述這個議題則是必須要有的。亞里斯多德把正義劃分為全面性或普遍的種類及特定的與進一步更加細分的種類，前者等同於全部的德行，後者相當於公平，不管這種區分有多混亂，如他所主張的，這個劃分確實捕捉了一個人世間重要的模稜兩可，它也使得依照公平分配來討論政治的結構成為可能。這進一步使得有關政治權力的問題成為是社群之中身分和地位的問題，而不是直接和個人能力有關的問題。

以相等之自由為由而要求參與上完全平等，或者是聲索和他們之財富或高貴成比例的更大份額，針對前者極度過於簡化的平民政體式主張，或者針對後者同樣過於簡化的寡頭政體式主張，亞里斯多德主要在批評這兩者上提出了好理由，其中指出最重要的是對於近在咫尺之職能所作出的貢獻。他在這麼做之後，繼續聲稱關於誰應該從事治理仍然有一項困惑或難題（1281a11），這個說法是關於任何常見的候選者會有的問題。強制奪取他人財物的窮人、富人或某個獨裁者，儘管這些行爲可能在他們本身體制所制定之法律所允許的範圍內，但是他們從事了破壞此城邦的事，因此明顯是不公正的。很顯然地這些是正確體制之「異常」形式下的治理者，因此說他們不配從事治理一點也不令人驚訝。這增加了進一步的解釋，即經由不公正的人從事破壞此城邦的作爲，可以看到他們是不公正的。「德行不會摧毀它的擁有者，正義不會破壞此城邦」（1281a19-20）。這似乎又是一個從中可以得出有關較早討論之相當明顯含意的要點，也就是關於分配種種善的適當根據。對於過好生活這項城邦的適當目的做出最重大貢獻的這些良善的人，他們顯然不會以方才被駁斥的那些要求者所使用的方式來破壞此城邦。然而，對於此城邦分配的種種善，亞里斯多德不願意斷稱他們應該具有最大的份額，因爲他說這樣會使許多人由於無法任官職而受到羞辱。「因爲我們說的任官職是一種榮譽，而假如一些人一直從事治理，那麼其他人會得不到榮譽」（1281a31-32），這是個驚人之舉。爲什麼某些人以這種方式受到羞辱是不好的，他最初並沒有加以解釋。推測上這個問題是這同樣會是某種不穩定的安排，因爲受羞辱者可能不支持當權者。「假使要保全任某個體制，此城邦的所有組成部分必須要希望它是這樣並且持續維持原樣」（1270b21-22）。「每當有許多未獲得榮譽或官職的窮人時，此城邦就充滿敵人」（1281b29-30）。再次地，這裡的原則是這樣不會是公正的，因爲德行的作爲不能破壞出自德行的事物。

如同一般亞里斯多德式困惑的情況那樣，經由限定那些原來是對情境過度簡化的描述，或者是透過引入原先對該問題之陳述中所忽視的考量，以此來獲得解答，這裡的回應是以《政治學》之中最具有政治想像力的主張之一這種形式出現。透過把組成大眾的這些低層級個人們併入某個單一而當下相當神奇的高層級決策者，如此捍衛了大眾的政治智慧，以防範少數比較聰明者對於權力的主張。亞里斯多德表明它可能像是一頓自備菜餚的晚餐，整體看來它在烹調的卓越上是勝過了任何個別貢獻者所提供的（1281b2-3）。亞里斯多德在這裡心中似乎並沒有想到任何共同審議的複雜過程，因爲除了前述自備菜餚的餐會之外，所提供的類比是對比賽進行表決的裁判委員會。所給予的解釋只是說不同的人注意不同的事物，並沒有任何提議說這些人把所注意到的告訴彼此，或者是在表決時以任何方式把他人的意見納入考慮。如果一個人投票給最佳的舞者，另一個人投票給最優秀的歌手，那麼至少看起來可以想像的是總體上最佳的很有可能勝出。

要把這個弄懂，很顯然還有許多需要說明。亞里斯多德不主張任何做各種種類決定的團體都會把它做好，他小心這麼做可以顯示出他對這一點的一些認識。某些群眾會無法做好任何事，而且甚至最優秀的人會無法從事所有的事（1281b15-21）。但是，他確實提及某種現今已被認定及充分紀錄的有關業餘愛好者團體之現象，如果說是這種現象仍然未完全加以理解。也就是在回答某些問題上面，把獨立觀點端上檯面的業餘愛好者團體要比個別的專家做得好。這不禁令人想到它反映了亞里斯多德對於人類知識更爲一般的概貌，知識像是來自廣泛流傳於整個種屬（或其組成部分之中）的（哪怕是不幸分散地）碎片或零件。如他所說的，儘管是在一個更爲嚴格的哲學脈絡：

> 對眞理的探究是既困難又容易的。雖然沒有人能夠適當地獲得眞理，但也沒有人是完全一無所得，反而是說了一些關於事物的性質，這是這方面的證據。雖然他們個別地對眞理貢獻甚少或毫無貢獻，但是把這些各自所見合在一起，就會有某些可觀的東西。
>
> （《形上學》，993a30-b4）

對於我們至今見過多次的這個方法，這是一個其背景假定的陳述，例如在《尼各馬可倫理學》中他處理「習俗—自然」的爭論裡，以及他早先在《政治學》中討論奴隸制的正義裡，都可看見這種方法。當然，爲了設法保留對於幾乎是所有事情的意見，這裡的辯護是這些意見都可能至少部分是眞的。每個人都得到一部分的眞相，而大部分的這些碎片已經被發現了，縱使亞里斯多德需要細究這些碎片並將其彙整起來。這裡在政治的情況中不同的是並沒有任何主愼思者（亞里斯多德最終並沒詳加說明這項形上學眞理）。這種自備菜餚餐會的菜單並不是規劃好的，而這個裁判委員會並不進行共同審議，或者說是把意見提交給單一的判官，只是把各部分合起來成爲好的東西。

當擔任官職的條件被認爲是睿智或政治德行時，這留出了一些操控的空間，但是到頭來亞里斯多德並不如人們可能預期那樣，即準備好最終把它作爲唯一條件。不讓它停留在那裡，其中的部分擔憂或許是無論作爲個人或作爲團體之良善者這類全體人員的稀少性。如果只有智者可以配得擔任官職，不管是個別地或集體地，這樣可能讓城邦沒有治理者，而沒有治理者的社群不是城邦。如果某項特性上的優越能夠爲授予公共職務提供理由，那麼所提到的這項特性必須是對該社群有貢獻，或者更精確地說，是對所論及之工作或職能作出貢獻的特性，這一點是亞里斯多德仍然想要堅持的（1283a1-2）。人們不會把最好的笛子交給富有者、美麗者或高大者，不會把政治職位交給最快的跑者（1283a11-14）。「這個要求必須建立在構成此城邦的事物之上」（1283a14-15）。除了良善者之外，自由者和富有者現在被允許具有要求權，因爲一個沒有自由者及富有者的城邦是不會存在，正如同城邦沒有良善者是無法過美好生活一般（1283a16-22）。確定了這麼多，而對各種問題保持開放未定，即有關針對特定狀況中的特定居民而言，何種政治層級制度的安排是適當且公正的。這並不是一個亞里斯多德沒有意識到的事實，因爲《政治學》剩下的部分都致力於這些具體內容。對此問題的這個回應，確實可以爲在任何團體中找到值得從事治理的人留有空間，至少是相對於他們的同胞而言是值得從事治理的人。如果人們想要能夠爲任何情況提出建議，如同亞里斯多德所做的，那麼顯然這是一個所得到可取的結論。

什麼可以算是爲特定治理者所提供的適當理由，亞里斯多德對此的想法因此是相當希臘典型的，對現代政治敏感性而言則是陌生的。主要的爭論是關於如何分配榮譽，這再次顯示出某種政治統治的這種事實被假定是無需任何辯護的程度。在討論關於誰應該從事治理當中，不用顧慮對於個人自主或天賦自由的尊重，無須擔心有些人從事治理而有些被治理此一事實。使人們配得從事治理的這些特性，與其說是人們作爲個人所具有的特性，毋寧說是他們作爲該團體之成員所具有的特性。就任何人以只作爲種屬的一員而具有的特性來說，確實沒有任何這樣的特性能使他們有資格獲得這裡爭論中的任何事物。雖然是有關於應得（desert）的討論，但是沒有任何跡象說是因爲任何固有的自決權利，或者說是基於人們作爲理性存有或種屬成員而應給的任何尊重，就有該把政治的權力或發言權交付給任何人的可能性。這不應該使人對這一點感到驚奇。

友誼

在繼續談論亞里斯多德關於不同種類的體制安排之前，稍停片刻試著更清楚聚焦於他有關公民之間關係的圖像，這會是有益的。幾乎特定人之間的任何正向關係都稱之爲「友愛」（*philia*）或「友誼」，有證據表明他認爲就只要是同胞，公民之間就存在或應該存在某種友誼，而且這是和公民間的正義緊密相關但又不同的東西。友誼的討論佔了《尼各馬可倫理學》兩卷的篇幅，他早先在友誼的討論當中描述「友誼似乎使城邦凝聚在一起，立法者關心友誼勝過於關心正義」（《尼各馬可倫理學》，1155a22-24）。肯定有某種他描述爲公民之間友誼的東西，而且這種東西有別於正義，這從他的敘述中也清楚可見，即「友誼和正義都和相同的事物有關，又都存在相同的人們之間」，而且「在任何社群之中有一種正義，也有一種友誼（《尼各馬可倫理學》，1159b25-27）。雖然大部分關於友誼所說的都在《尼各馬可倫理學》中說明，大概是因爲它是個人生活的特性而非社群的特性，但是在《政治學》之中亞里斯多德批評柏拉圖《理想國》裡共妻及共產的激進方案裡，友誼確實佔有重要位置。加上亞里斯多德在《尼各馬科倫理學》當中明確地提到政治友誼的頻率，儘管當亞里斯多德針對公民事務給予積極的學說時，在《政治學》當中說了一點點有關政治的友誼，但是這強烈表明政治友誼被假定是在適當的位置上。鑒於友誼和正義之間所得出的緊密連結，爲了全面理解社群之中亞里斯多德式正義與善的觀念，友誼需要成爲其中的一部分，這看起來似乎也是很清楚的。

儘管如此，當亞里斯多德提到公民之間的友愛，以及這種友愛是如何類似於他花最多時間加以分析的友誼種類時，有關他所想的是什麼樣的關係，這些問題仍然存在。在所有關於古希臘人對友誼的討論之中，典型的開頭都提到希臘語 *philia* 翻譯爲「友誼」（friendship）是非常不適當的。以 *philia* 實際所表示之關係的範圍來說，從父母及其小孩至政治聯盟，在英文中找不到可以涵蓋所有這些關係的任何詞彙。在亞里斯多德對於友愛似乎是標準的描述之中，如果不是完全毫無歧義的，他認爲它是基於對方的善、愉悅或有用性之相互的善意，或者是爲了對方本身而祝願對方好（《尼各馬可倫理學》，1156a3-5）。亞里斯多德似乎認爲，不管是品格的卓越、愉悅或者是對另一個人有用或有好處，某種吸引人的特性自然會使得其他人想要給予這個人好的東西。當該善意返回且雙方都知道這個相互性，加上這種善意有可能影響他們對待彼此的行爲時，這算是友誼。亞里斯多德似乎想像朋友通常會在彼此身上找到吸引人的相同特性，以致於有些人由於互相欣賞對方的品格，或發覺彼此的陪伴是愉快的，或者互相是有幫助的，各自從交流當中得到一些好處，這樣這些人就成爲朋友。但是，也會是這種情況，即雙方吸引力的根據是不同的特性，以致於一方是因爲他交談的愉悅而被喜歡，另一方則是他的德行而被喜歡，雖然在這種情況當中，爲了讓友誼能夠持續，貢獻比較少的人必須要有某種補償。對於即使其他方面都完全良善者的這種生活，在使其儘可能好所需要的外在善之中，朋友總是列爲其中最重要的。不足爲奇地，當感情是建立在理解與欣賞彼此的德行，這種友誼是最好的情況。換句話說，對亞里斯多德而言這些種類的朋友是兩個好人，他們會想要共度美好時光，其實就是共同生活。只能擁有極少數這種朋友，要多於這個數量是不可能的，因爲這種關係必須要完全地認識另一個人的品格，這是無法輕易達成的。顯然地，這是一種任何人都無法和所有他的同胞們形成的關係，甚至在最爲理想化的情況下也未能如此。一種是建立在賞識另一者的好品格而形成眞正的友誼，另一種只能是沒有那麼深厚的友誼，實際上，亞里斯多德取笑了把這兩者相混淆的人。

> 有些人擁有許多朋友，從某種意義上說，他們以同樣的方式對待所有人，除非是以同胞也算是朋友的這種方式，否則會被當作是沒有朋友，人們說他們是諂媚的。以公民的方式，人們可以是許多人的朋友，不需要是諂媚的或正派的，然而建立於德行或建立於他們本身是什麼樣的人之上的友誼，人們無法成爲許多人的朋友，而且實際上人們應該感謝擁有少數的這種朋友。
>
> （《尼各馬可倫理學》，1171a15-20）

在亞里斯多德討論《理想國》解消了傳統的家庭當中，這種不同種類友誼的混淆正是亞里斯多德最批評柏拉圖不是的地方（《政治學》II, 4）。柏拉圖透過實際上讓整個城邦成爲一個單一的家庭，其中讓所有某個年齡的人們把所有其他某個年齡的人們當作自己的父母或子女一般來對待，以此策略試圖清除城邦中常見到派系之爭（*stasis*）的來源，並且使所有公民更加友善，但是此策略引發亞里斯多德看起來是明顯嘲諷的反應。首先，他抱怨要把這個城邦轉變爲一個家庭是愚蠢的，因爲城邦較爲自足因此是一個更好的社群形式。此外，在改變傳統家庭的結構上，柏拉圖未能達成他所追求的這個目的。

一般來說，這種法律的結果必定是與良好法律的結果相反，也和蘇格拉底經由以這種方式來組織有關婦女和兒童之事務所追求的目標相反。因爲我們認爲友誼是城邦之中至高的善，由於在這種情況下，人們最不可能進入派系之爭，……但是城邦之中的這種共享必定會讓友誼變成冷淡。（《政治學》1262b4-16）

這是對柏拉圖有點刻薄的解讀，對亞里斯多德來說則是一種不完全是不尋常的解讀。即使柏拉圖處理這個見解的方法太過激進而不可行，但是他的想法具有合理的出發點，這是相當清楚的。這個想法是城邦中的派系之爭出自於家庭和氏族的聯繫，這種聯繫比和此城邦之間的聯繫更加強烈，因此形成此城邦之中強大的衝突來源。因此，他經由實際上解消他們來加以擴大，以致於只會有和此城邦之間的聯繫存在，藉此嘗試改革這些可能會分裂的聯繫。如亞里斯多德所指出的，這麼做非常有效地促成比傳統家庭組織所允許的更加薄弱的人際聯繫，但是在這當中它也可能因而有效地消除了某種派系之爭的來源。那麼它會導致和此城邦之間的聯繫會比傳統公民聯繫更加強烈，即便最終沒有像傳統家庭連繫那麼強大，而且這會有助於更大的政治穩定。亞里斯多德認爲柏拉圖計畫中應該使其共享妻子與小孩的是較低層級的，而不是衛士層級，因爲亞里斯多德覺得削弱友誼會避免派系之爭是在較低層級（1262a40-b3）。當亞里斯多德這樣提議時，他似乎事實上一度確認了很好地消除傳統家庭聯繫在政治上可能的穩定效果。人們假設這一點也是亞里斯多德接著所建議的一個版本，即城邦中的奴隸不要都說相同的語言，因爲如果他們都說相同的語言，會使他們有更好的合作並讓造反變得更加可能（1330a25-28）。無論如何，只要友誼能阻止派系之爭的範圍內，它對城邦是好的，當然這種友誼是某種公民作爲公民之間的友誼，而不是丈夫與妻子和父母與子女之間的友誼。當亞里斯多德批評柏拉圖時，他似乎有意地忽視討論中不同種類的關係，因爲在柏拉圖的政體中被削弱的不是公民形式的友誼而是家庭形式的友誼。

然而，確實讓亞里斯多德不接受柏拉圖見解的，其中部分的理由是前者對於傳統家庭關係之態度上某種眞正的差異，這是很容易了解的。柏拉圖甚至在〈克力同篇〉（Crito）之中不只透過同化公民聯繫和家庭聯繫，而且經由接著主張公民聯繫應該是比較強大的，藉此似乎想要弱化傳統的家庭聯繫。有些亞里斯多德的保守主義出現在他對於家庭內傳統之層級制度令人失望的辯護當中，不過，在他高度珍視家庭成員之間愛的與親密的關係當中，他的保守主義也更有吸引力地出現。他相當有足夠的道理相信，這種關係只有在某種親密的環境中才能找到，而且它構成人類生命中無法以任何其它方式加以取代的某種善。所以，雖然亞里斯多德相信比起任何形成此城邦的組成部分，像是家庭，這個城邦是某種更加重要與完全的社群，但是就人們僅僅是該社群之成員，不管因此可能形成的是何種政治社群，他仍然不認爲此政治社群成員之間的聯繫是最爲強大或道德上最爲重要的。

儘管和柏拉圖之間有這種重大的分歧，亞里斯多德確實同意公民之間正確種類的友誼對城邦來說是最重大的善。考慮到公民之間的這種關係不能像是對他人的利益那種積極、無私與完全的關懷，這是建立在家庭成員和其他密友之間通常及自然所感受到深深的愛和感情之上的，那麼亞里斯多德想到的是什麼樣公民之間的關係呢？指出在任何社群中，而且是每個社群所特有的，不只是有某種正義而且是有某種友誼，這個主張把公民之間的友誼緊緊地放入了建立於所意識到的利益而非愉悅或品格之上的這種友誼當中，因爲建立所有社群都是爲了相互的利益（《尼各馬可倫理學》

1160a9-14）。這是一大群人可能具有唯一的一種友誼，因爲沒有任何個人能夠獲知所有他的同胞之品格，或者甚至會有足夠的直接接觸以發現他們都是令人感到愉快的（這撇開了此項明顯的事實，即他們很有可能並不都是良善的和令人愉快的）。另一方面，很有可能看到會有同胞從事他們所做善良的事，擁有這種同胞對他們中的每一個都是有利的。亞里斯多德關於此政治社群的想法如何自然地涉及了每個關注他人德行的公民們，我們已經看到這一點。會有某種對他人的關心，這是伴隨著任何共同參與活動而發生的，而且主要是由於每個人都認識到其他的每個人表現優異對自己是有利的。這還不太像是形成了應該算是友誼的任何事物，因爲如所描述地，關注他人的好處看起來好像完全是自利的。它看起來比較像亞里斯多德所說祝願自己的酒好的例子（這眞的是他最接近開玩笑的說法一樣），因爲這樣太自我導向了，不能算是爲了對方而祝願好事以作爲友誼的一部分（《尼各馬可倫理學》，1155b27-31）。其實，透過提及志趣相投（like-mindedness）作爲公民友誼和其他種友誼共享的一項特性，提供了這個圖像的另一個片段。經由指出立法者所特別致力最重要的是某種志趣相投，這被描述爲類似於友誼，對於立法者試圖要避免的派系之爭這項重要事情（《尼各馬可倫理學》，1155a22-26），志趣相投是和派系之爭這種敵意有關的對立面，這解釋了友誼對立法者的重要性。當然，這裡他特別想到的是關於此政治社群之構造的協議。因此，屬於友誼類別之事物的重要性在於避免派系之爭，在防止這項城邦的最大罪惡。《政治學》之中很少提及友誼，其中之一出現在討論中間階級的重要性當中（1295b21-27），這特別是因爲富有者和貧窮者之間的那種最大競爭與敵意。這種關於誰應該從事治理的協議，它將表示這個現存之體制安排的正義。當下的說法是這種對於種種安排當中之正義的感知，它可以引發對同胞積極與正向的情感，事實上，亞里斯多德似乎認爲這種引發是必然的，而其中不只是基於狹隘自利地關注共同活動的成功。對於已經以相互認可及互利的方式參與彼此生活的人們，一些喜歡對方或爲了他們的緣故祝願他們好，這似乎可信地像是感知到這些人之間這種協議下的某種自然反應。

有一種以此政治社群爲基礎的相關友誼，但卻不是僅僅作爲同胞的公民之間所感受到的。這是一種應該存在於治理者和被治理者之間的這種友誼，治者與被治者間的這種關係被列爲不平等者之間所存在之友誼的一個例子（《尼各馬可倫理學》，1158b13）。大部分家庭或家人之內、父母及小孩、妻子與丈夫、主人與奴隸之間的關係都是這一類的。在這對組合之中，較低層級者提供給較高層級的好處比不上後者所提供的，前者應該愛後者多於後者對他或她的愛，以便能夠讓這個關係持續平等。當亞里斯多德在這個段落談到治理者時，他想到的是君主政體，但是確實清楚地是打算把所有非異常體制形式之城邦的所有治理者都包含在內，這些治理者因此是致力於共善或被治理者的善。仁慈的治理者們轉而會被他們所治理的人所喜愛，以某種合理描述爲爲了他們本身的緣故而祝願他們好的方式，以某種會導致願意爲了他們而行動的方式，這也是容易想像到的。而且，這裡想像中的感情似乎是恰當履行某個公共職能的自然結果，在那裡有某個看得見的共同好處，在當中雙方都看到並理解這個共同好處與正義。

那麼，當團體的每個成員都主動的關心他人的善時，通常他們之間會有某種非常正向的關係，即使主要的或一開始的出發點是想要彼此把他們的工作做好。對於他們共同的目的及如何達成這些目的，當所有人都同意且被人知道是同意的時，以及當負責的人想要對不是負責那些人有好處的東西，而不是負責的人意識到且感激負責的人這些良好的目的時，非常可信地這是對彼此有好感的基礎，或者至少是祝願周圍他人好的基礎，而且所加以祝願的超出了爲任何人自身利益所必需的範圍。例如：人們可以把這些想像成一個比國家或大城邦小的工作場所或政治社群的特性，而且把在這樣環境中工作和生活者之間的關係描述爲友善的，而不只是合宜的和公平的，這似乎是恰當的。這種亞里斯多德所想的概括地祝願同胞好是正義的結果，但是對於由公民的德行和正義的體制所確保的這種大體上公平與促進善的行爲，這種概括地祝願在此行爲上添加了情緒的依附而超越了正義。正義引發了概括地祝願同胞好，而後者轉而提供前者某種至關重要的支持。但是，由於友善的感情更加可靠且愉悅地從事了正義所要求的，所以終極點是政治的友誼在此城邦中能夠給予德行重要的支撐。因此，政治的友誼同時是正義的結果和對正義的某種重要之強化，後者或許對亞里斯多德的思想甚至是至關重要。回到《尼各馬可倫理學》中使友誼成爲立法者之首要目標的段落，我們是從這兒開始：「朋友們……不需要正義，但是正義者也需要友誼」（1155a26-27）。

因此，亞里斯多德使得如顯示在政治友誼之中的公民團結成爲一項重要的政治目標，並且使它成爲此種政治社群之正義的標誌。此外，他是在沒有重大改變一般情感聯繫之傳統圖像中的任何事物之下這麼做的。對於柏拉圖嘗試把政治友誼同化爲家庭友誼，亞里斯多德關於友誼的觀念弄清楚了他對柏拉圖這項嘗試的迅速拒絕。亞里斯多德留意到相應於不同種類之社群或共同體的正義與友誼，父母對孩子負有的義務不是兄弟之間彼此負有的義務，朋友（在我們對於這個字詞的當代意義上）彼此負有的義務不是同胞相互負有的義務。大致上，人們關係愈緊密就具有愈多共通之處，正義的要求就更大，任何不公的行動就造成愈大的傷害。由於亞里斯多德認識到此城邦是最大的具有道德重要意義的社群，這意指比起對家人和朋友（同樣地，在當代的意義上），對同胞的義務和聯繫都會比較薄弱（《尼各馬可倫理學》，1159b35-60a8），這些都意味著和所有其他社群皆隸屬於此政治社群相一致。這不會和家庭的目的是要隸屬於此城邦的目的這個主張不相一致，只要此主張被視爲只是說存在有對於家人和朋友的義務，而這些並不是對全體同胞負有的義務。更加強烈或更爲廣泛的義務仍然可以是隸屬於其他義務的，只要他們是依照這些其他義務加以解釋（因爲此家庭的這種善應該是達成此城邦這種善的一種手段，或是構成後者的組成部分），而且當然是與這些其他義務相一致的。例如：如果所有父母都特別重視他們自己孩子的教育，此城邦或許會更好。說對家庭的義務要比對此城邦的義務強烈，這個主張並不是要說任何關於這兩者之間可能衝突的事。由於毆打你的父親要比毆打陌生人更糟，所以假使被迫要在兩者之間擇一而爲，想必你應該毆打陌生人而非你的父親。不需要把這個想成某種義務之間的衝突，這種衝突注定此行動者不管如何會做出某種不當行爲。說得更恰當一點，亞里斯多德的想像是這些排行會決定正確的行動；如果毆打陌生人是避免毆打你的父親的唯一方式，這麼做不是錯的。在一個正義的城邦之中不會有任何衝突，因爲家庭義務的理解會被連接到此城邦更廣大的目的。在不義的城邦中，可能要作出關於特定行動的決定。當然，安蒂岡妮（Antigone）浮現在腦海中。不過，是要如何解決這個情況，或是這個情況是無法解決的，在這裡同樣是不明確的。對你的父親做了錯事比對某個同胞做了錯事，前者是更糟的，但是這無須被視爲具有幫助親戚總是優先於遵守法律的含意。

從另外一個方向，這讓我們回到本章開始關於公民與道德德行之間關係的問題。此城邦的卓越將取決於所有公民（事實上是指此社群的所有成員）皆善於他們所從事的，都擅長於他們對其共同生活所做出的特殊貢獻。所有人皆精於他們所從事的，這對於每個人都是有利的。從事治理的人治理時能夠明智的著眼於共善，這樣就特別有利於所有人。當他們這樣做的時候，此城邦是正義的。當所有人都認可這個正義及公民保全此社群的這個共同目的時，對於體現於互愛和主動關懷當中的這個事實，將會有某種賞識，而這轉而有助於保全這個以正義的方式組成的社群。

進一步閱讀的建議

關於這個「自帶菜餚餐會」的論證參見 Waldron 的 'The Wisdom of the Multitude: Some Reflections on Book 3, Chapter 11 of Aristotle's Politics'（*Political Theory* 23[1995] 563-84）。要得到對這個現象某個當前的解釋（雖然這個解釋沒有提起亞里斯多德），參見 James Surowiecki, *The Wisdom of Crowds*（New York: Doubleday, 2004）。在《政治學》的解讀上，讓亞里斯多德比我所做的更接近現代政治思想，參見收集在 *The Review of Metaphysics* 49（1996）之中對此的回應，以及 Miller 的 'Nature, Justice, and Rights in Aristotle's Politics'（Oxford: Oxford University Press, 1995）。Clarendon 系列中 Robinson 的卷冊（關於卷 3 和卷 4）也是有幫助的。針對友誼參見 Patzig 所編 'Aristotle's 'Politik: *Akten des XI. Symposium Aristotelicum*'（Göttingen: Vandenhceck & Ruprecht, 1990）當中的 Cooper 和 Annas，以及 Price 的 'Love and Friendship in Plato and Aristotle'（Oxford: Oxford University Press, 1989）。

第四章　政治哲學的範圍與目的

第一卷討論了此城邦及其組成部分的性質與目的，第三卷前面章節對於此城邦中的德行與正義進行一般性討論，這兩部分討論似乎可以合理的合在一起，成爲一位哲學家對政治問題的整個適當貢獻。這兩部分討論佔了《政治學》文本這麼相對小的部分，這個事實指向亞里斯多德有關政治哲學之觀念的一些重要事物。要說這些前面的討論可以構成整個這位哲學家在政治事務上的角色，這種想法必須要有視政治哲學是理論性多於實用性的觀念，這樣一來就和亞里斯多德的形象很不一樣。記得《尼各馬可倫理學》結束的段落（1181b15-23）對於政治專門技能的內容有總結性的描述，但是並沒有提及任何我們至今在《政治學》之中所已經加以審視的。亞里斯多德在那裡指定了對於所蒐集之種種體制的某種研究，檢視通常是什麼保全了和破壞了城邦，也檢視保全和破壞各式各樣特定體制的是什麼，以及檢視治理良好之城邦和治理不良之城邦的區別是什麼。所有這一切應該有助於更清楚理解最好的體制，以及有助於理解一般的體制。記得在解釋爲何需要研究體制上，是以這是研究立法方面專門技能的一種必要條件，而立法上的專門技能轉而又是要使人成爲良善的所需要的。經由很好地治理人們而使他們成爲良善，從事這種事所需要的能力構成了一直討論中的這種德行，它是先前在討論美好生活及道德品格時的整個主題。簡而言之，爲了要讓擔任治理職務的人能夠知道如何使得其同胞的生活變得更好，同時是能夠以一種允許他們在特定情況能有所行動的方式來知道這件事，這就是所有這一切當中的重點所在。在亞里斯多德的想法裡，對於有關城邦之組織的這種細節，以及對於典型公民之心理、社會及道德傾向的這種細節，這些非常實用的目的影響了此等需要加以理解的細節。

針對此種所需要之專門技能的根源與性質進行一般性討論，這在《尼各馬可倫理學》之中是先於有關需要研究體制的這個結論。就像醫學一樣（這是柏拉圖和亞里斯多德兩人最喜歡的政治科學之科學類比，因爲一者以身體的健康爲目標，另一者則致力於靈魂的健康），既需要對個別案例的經驗與熟悉，也需要對一般原則的理解。醫學教科書對不同種類疾病的患者提供不同的治療建議，這些書籍對於有經驗的人是有幫助的，但是就其本身而言是不足以提供有用的理解給沒有經驗的人們（《尼各馬可倫理學》，1181b2-8）。所以同樣地，對於亞里斯多德有關道德品格及政治事物之講課，準備周全的聽講者不能太年輕，以免他們沒有經歷過許許多多各種組成美好的及惡劣人類生活之不同行動（《尼各馬可倫理學》，1095a3-5）。這裡在更廣義的政治方面，尤其是要藉由良好治理所需要的方式來成爲城邦之體制與法律這方面的專家這些人們，必須具有足夠的相關政治經驗（被治理顯然是適合的）與一般的理解，以便能夠經由帶著善於辨別的眼光審視所收集的法律與體制而學點東西。這種研究轉而可以有助於對下列事項的一般性理解，即何者保全或破壞各種各樣的體制，以及一般來說何種安排是最好的，同時是整體上以及對特定情況而言。

這些實用的目的所需要的是類似於醫療手冊的這種東西，其提供治療的建議。當然，這樣的建議必須來自人類生物學與解剖學的一般觀念及健康之性質的概貌此一背景。同樣地，亞里斯多德對於體制的詳細研究是在此一背景觀念或一般觀念之下進行的：前者是人類德行與幸福的這種背景觀念，這是在倫理學作品中闡明的；後者是對於此政治社群及該社群中之正義與德行的這種一般觀念，這是在我們到目前爲止所審視之《政治學》的部分所提供的。

因此，《尼各馬可倫理學》結尾所概述的這個計畫接下來在《政治學》之中執行。卷二無疑地連同殘存的《雅典政制》，以及亞里斯多德所能獲得的、所進行的或所委任的任何其他研究，這些都提供了關於那些能夠判斷其優點和挖掘有用想法之過往經驗的訊息。經由以這種標準亞里斯多德式的方式回看過去，需要著手開始某種最終會描述此種最佳形式之政治社群的探究。卷二的開頭回顧現存的體制及關於體制的現存思想，這裡爲這個計畫的此部分提供了兩個理由（1260b27-36）。首先是收集有用訊息這個明顯的理由，尤其是關於什麼是行之有效之正向種類的訊息。但是亞里斯多德承認有另外一項關注，就只在顯示現存的不夠好到使得亞里斯多德本身沒有必要加入這項論辯，以確保他不會「被認爲是爲了狡辯的緣故而尋找不同的東西，而是因爲現存的不是安排得很好」（1260b33-35）。然而，他不是對過往的或他人的不屑一顧，如同後面這一點可能暗指的一般，因爲他也可以順便提及（在責罵柏拉圖於《理想國》中關於財產安排的想法之過程中），有些東西會是新的此項事實是非常不利於它是良好的這個可能性。這個想法似乎是政治制度已經存在很長的一段時間，而任何值得做的事情都已經被想到了（1264a3-5; 1329b25-35）。當然，可以假定他在這裡心中所想的是小型的制度和實務，而不是會構成可行體制的這整個安排好的組合。顯然地，他不相信有人把整個事情說清楚了。

早些時候針對體制形式的思考及其實際的歷史進行批判性評論，雖然這是對亞里斯多德之計畫比較積極部分的必要準備，但是它就只不過是這樣。在《政治學》第四卷的開頭概述了政治科學的核心內容。

> 因此，考慮最好的體制是什麼、在沒有任何外部障礙下何種體制會是理想的、何種體制適合於何種城邦，顯然這是一門科學的工作。因爲對許多城邦而言，獲得最優良體制或許是不可能

的，所以立法者及眞正的政治家必須同時注意，無條件下的最優良體制和在既定條件下的最優良體制，並且第三個是建立在某種假定之上的最優良體制，因爲就某個既定體制而言，有必要能夠了解它最初是如何形成的，以及如何在形成之後儘可能長久的保全下來。例如：我是說如果某城邦碰巧不具備成爲最優良體制的必要條件，所以不是最好的體制，或者甚至不是其情況下可能的體制，卻是更爲劣等的。除了所有這些之外，有必要了解最適合所有城邦的這個體制。（《政治學》，1288b22-35）

經由和運動訓練之間所做的具有啟發性的類比，引入了問題的清單（1288b10-19）。對於那些天生身體上最具天賦的人們（人們可以設想未來的奧林匹克運動員），運動訓練的專家需要知道什麼樣的訓練是適合他們的，所以就像是運動訓練的專家一般，對於那些天生政治上最具天賦的人們，政治的專家也需要知道何種體制是最適合這些人的。結果會是後者的情況涉及運氣，它同時會出現在人口的自然特性和地點的自然特徵之中。訓練師也需要知道對何種特定軀體的人何種鍛煉是好的，所以政治專家也需要明白對何種情況中的哪個族群什麼樣的體制安排是最好的。而且，正如同運動訓練師需要知道對所有人而言何種鍛煉是最佳的，是幾乎所有人都適合的，因此此政治的專家也需要知道何種政治安排對大部分地方的大多數人們是最好的。最終，同時是最有趣和最有問題地，（有些人或者一點也不想要鍛煉，或者想要的是錯誤的鍛煉，）對於他們自身之需求及能力毫無辨別力或認識，就像訓練師對於這些人也要能夠提供建議一般，有些人甚至不具有考量到其天性和情況下所能夠具有的最佳安排（「建立在某些假定之上的」體制），政治的專家需要能夠協助這些人。顯然地，這裡有一個要知道如何對任何情況下的任何治理者提供建議的承諾。

政治哲學主題的這個清單引發了幾個問題，所有這些問題在審視亞里斯多德的回答之後或許會有最好的答覆，不過一開始它們也值得至少初步地加以陳述和考慮。第一也是最明顯的，為何不只詢問最佳的體制呢？亞里斯多德似乎認為擴大政治專門技能的範圍並超出這種最佳的情況，對他來說這是一項創新，而且我們沒有任何來自古代要提出任何相反建議的證據。（柏拉圖在《法律篇》中移向他明確描述為次佳的城邦，這個動作可以很容易地視為從這個不可能的理想轉向這個可能的理想。）第二，關於為最佳可能情況所設計之最佳體制的性質這個問題，把它和其他問題區分開來，這是指向兩個非常不同種類的計畫嗎？如前所述，最後兩卷是在描述針對最佳情況中最優質人口的最佳安排，而之前的幾卷是在回答其他問題，前者往往被視為在種類上和後者差異甚大。它們相互一致嗎？它們彼此無關嗎？它們使用了不同的評價標準嗎？第三，針對所有治理者提供建議，包括「異常」體制形式的治理者，這在道德上是站不住腳的嗎？稍微比較沒有爭議地，它和亞里斯多德有關政治社群之適當目的之主張一致嗎？

這些問題的第一個關於現今授予政治哲學的寬廣範圍，亞里斯多德在列出有待回答的問題之後立即談到這個問題。上面引述的段落接著說：

> 所以，即使大部分談論體制者在其他方面都說得很好，但是說到有用性時卻一無是處。因為所要加以研究的不只是最優良體制，還有可能的體制，而且同樣地要研究所有城邦比較容易和比較能夠達到的……重要的是提出在此情況下人們可以被說服並採用的那種安排，因為改革一個

體制和從頭建立一個體制是一樣艱辛的，正如同重新學習和從頭學習是一樣困難的。因此，政治的專家除了具備所已經說的部分之外，也要能夠協助現存的體制。（《政治學》，1288b35-1289a7）

對於具有自然最佳天賦及處於最佳情況者才能獲得的最佳體制進行討論，亞里斯多德在這裡並沒有暗示這種討論是無益的，他堅持的是不考慮實際情況下繼續進行之政治思想的無用性。必須承認最優良的總是適合特定情況下最好的，而這些情況必須總是認眞地加以注意。提出了對於這種最佳情況的某種描述，但卻沒有明顯認識到它必須要有稀少的或不尋常的條件，或者說就簡單地認爲激進的變革是可能的，因此描述將是無用的。同時，他的確不只一次主張他的最佳或理想的城邦（「人們期盼的」這個）是可能的。所以，即使大部分的城邦無疑地是不可能非常接近這種最佳的安排，但是對此安排的描述絕非無用的，尤其只要是在提供一個完整且因此具有啟發性的可能性範圍上需要這種描述。

對於這種最好情況的考量不是一種單純理論性的演練，而且在考慮這個理想情況當中是有一些一般性用途，承認這點引發了一個不同的問題。如果對於此最佳情況的理解對所有的都有影響，那麼爲何分開地且特定地詢問其餘的情況，不論是個別地或集體地，前者如詢問何者適合特定的體制，後者如詢問何者對他們的大多數來說是最好的？即使此最好的情況不是一個毫不相干的幻想，他顯然不認爲此最好情況可以簡單地作爲每一個治理者或城邦都致力追求的標的，否則他不會以他所採用的方式來區分這些問題，並且把他們劃分出來作爲政治專家的獨特任務。因爲體制的結構主要是何種人及多少人來從事治理的問題，所以某些種類的治理結構是某些人口族群無法獲得的，無疑地此一簡單的事實就是進行這種區分的一個理由。

此城邦是由類似的人們所組成的社群，其以追求所可能達到的最優良生活爲目標。由於幸福是最佳的，而它是一種德行的完美活動與運用，所發生的情況是有些人能夠分享幸福，但是其他人只能小程度或一點也沒有分享幸福，所以明顯地這是爲何會有各式各樣種類的城邦和體制。由於每個團體追求幸福的方式和手段有所不同，因此他們產生了不同的生活方式與不同的體制。（《政治學》，1328a35-b2）

在此理想的情況下，會有許多具有政治德行或政治智慧而能從事良好治理的人們。但是，當在一個特定地點中這種人根本不存在時，很難看出什麼可以算作是以該安排作爲目標。在建議中學年齡或中年的人這件事情上，知道如何訓練專業運動員可能會是有幫助的，不過這項建議不會是這種簡單的形式，即他們應該嘗試做職業運動員所從事的，但卻期望以失敗收場。人們可能認爲政治結構比體格可更加徹底地加以塑造，但是亞里斯多德似乎不這樣認爲。對他來說，不管在抽象的與不切實際的理想意義上需要多少，在可以付諸實施的改變程度上有非常實際與嚴格的限制。當然，並不是說他認爲革命性改變不會發生，而是說鑒於可預測到的政治現實，要帶來眞正的改善是不太可能的。人們不會遇見一大群在僭主政體中長大的智者，更不用說是一大群準備好以推翻僭主所需要的手段來掌權的智者。這種種考量可以使它看起來相當有道理，即有用的政治專門技能必須包含針對處在特定情況中被建議的族群提出合適建議的能力。

但是，這些考量並沒有確切解釋亞里斯多德清單當中最後的問題，也就是對於這些即使考量到情況下他們也不是最好的體制，如何加以保全的這個問題。如亞里斯多德所說，沒有哪個族群天性上是適合僭主政體或任何異常形式的體制（1287b40-42）。建議僭主如何保全僭主政體，這不是相當於把協助的建議提供給官方的邪惡者嗎？在這裡和運動訓練或醫學之間的類比似乎塌陷了。即使醫學會治療無法治癒的人，但是它不以維持疾病作為致力追求的目標；要把不合適者轉變為運動員這些事，即使當有充分理由對此事絕望時，訓練師不會致力於讓不合適者保持不合適。這是一個這樣的事例，在其中明確的實踐目的使得要解釋此行動的意義更加困難，而不是較不困難。對於想要理解是什麼讓邪惡的政權掌權，人們可以想像各式各樣道德上明智的理由：可能得以研究邪惡者的方法，以便更加了解如何除去他們；或者，沒有那麼雄心勃勃地，是為了更完全理解人性。然而，這並不是我們在此所擁有的情況，這看起來就像是協助邪惡者繼續為惡。這和亞里斯多德對於政治社群之正當目的或政治專門技能之正當目標和用途所做的說明之間，如何保持一致呢？異常的體制形式之所以異常，正是因為它不從事體制和城邦所應該做的，即促進共善。這個最後的問題尤其需要仔細查看亞里斯多德實際上說了什麼。然而，從最好的情況開始，接著逐漸透過其他情況，直到最糟的情況，在這裡這樣會是最有助益的。雖然對於非理想情況之城邦的建議不等於簡單地勸告要致力於追求最好的，不過對於非理想情況所說的一切和指導對此理想城邦進行描述的這個善之觀念，這兩者應該是相互一致的。

最好的體制（卷七和卷八）

最好的體制應該使得過最好的生活成爲可能。對於這個主張所引發的兩個問題，到目前爲止，亞里斯多德在《政治學》中並沒有花時間加以討論。第一個問題就是什麼是最好的生活，關於此最好生活和此最佳體制或此最佳城邦之間的關係，這是這裡所引發的另一個問題。如他在這裡所提出的，這個問題是同樣的生活是否對個人和對城邦都是最好的。

針對早先《尼各馬可倫理學》中關於此種美好生活之另種看法的論點，亞里斯多德在這裡以對此論點的快速報復開始。然而，相較於那裡所考慮的看法，他在此所斟酌的是不那麼簡單的競爭看法。不是依據單一最終目的來界定生活，他主張所有人會同意外在善和德行都是必需的。於此他對比兩種生活：一者主要以獲取像財富或榮譽的外在善爲目的，這種生活把所需要的德行視爲有用的但卻次要於該首要目的；另一者之中外在善扮演次要的角色，德行才是主要的（1323a21-38）。前一種生活很快地被打發掉，具有適度財富的良善者所過的生活，和只具有一些德行但擁有超過他們能加以使用的善這些人的生活，說前者過著比後者更好的生活，這被認爲是顯而易見的。這裡在論及外在善時，似乎明顯地他主要想到的是財富與此外某種程度的榮譽，而不是例如朋友。比起榮譽和友誼，這種外在善是比較不可信地依附於德行，他正在對比的是這種外在善的重要性。而且，尤其說要以財富作爲一個人的這種最終善或慾望的終極對象，這是說不通的，因爲它有自然的限制。這是返回卷一關於財富的討論中熟悉的一點。

以支持德行之生活的方式解決了這個問題之後，他轉向一個更加棘手的問題。對於亞里斯多德在《尼各馬可倫理學》之中論證的最後一直在問的問題，我們現在在此首次簡要地看一下，也就是是否政治的生活或哲學的生活是最好的，前者需要運作道德德行或品格德行，後者則聚焦於智性活動。對亞里斯多德來說，關於政治生活和哲學生活的這個議題的起源是相當直接的，如果不是它的解答是相當直接的話。人類可以進行兩種理性活動：純粹理智性活動和實踐的或政治的活動。這些不同種類的活動及其相關者與不同種類的德行或卓越都反映在兩種不同的生活當中，公民積極參與治理城邦的生活和從事冥想與反思這種比較沉思式與孤立的生活。比較純粹理智性的活動是智性生活的典型特徵，這些活動使該生活更美好，在某種程度上，這對亞里斯多德來說是完全而直接清楚的。哲學的生活使用人類的最高能力，它所相對的政治的生活不管過得多麼的良善，後者是由人性之中比較低層次的部分參與其中，是指向較低價值的對象。當然，問題是人類事實上無法過純粹理智性的生活，因爲他們不是純粹智性的存有，而本質上則是政治的存有，具有所有與生俱來的能力與需求。不過，一種選擇是建議最大可能程度地避免政治生活，使有可能最大程度地專注於智性事務。這個建議就帶來各式各樣進一步的問題，這些問題是關於是否這必然地會導致政治德行的失敗，這種人儘其可能地把時間花在沉思存有之本質，相當可能無法給予其小孩的教育必要的關注，或者是提供其城邦所缺乏的明智治理。對於這兩種活動或生活之間的緊張關係，另一個反應是建議在政治德行和完全政治參與的生活之中，爲純粹理智性活動騰出空間。或最終地，如亞里斯多德在《政治學》這裡似乎暗示的，但是在《尼各馬可倫理學》之中則從來沒有這種暗示，或許他的解決方案是讓一些人或少許人過哲學的或非政治的生活。也許在允許一些人政治上相對冷漠，這樣也不會造成他人任何傷害的社會環境中，這種情況會出現。確實地人們會期望亞里斯多德有想到，一些重要的哲學活動相當大程度是爲了所有人的共善而開展的，因此該城邦應該試著爲該活動騰出空間。無論如何，亞里斯多德對這個問題的答案事關長期的學術辯論，在此不會解決這個爭論。

在《政治學》之中，這個問題以相當簡單化的措辭加以闡述，如同是某個兩種人之間的爭辯，一種人以哲學的生活是更優越的，另一種人則視沉思的或哲學的生活是沒有作爲的，其所採取的方法讓它的實踐者不可能過美好生活和擁有幸福（1325a16-23）。亞里斯多德從相反的批評著手同時捍衛兩種生活，這樣做是相當公平且因此是相當令人生煩的，最終並沒有決定單獨支持任何一方，「雙方都正確地說了一些東西，同時也不正確地說了一些」（1325a23-24）。他指出當政治生活適當理解爲由好人來從事治理時，它就不是像有些人把政治的治理想像成像是控制奴隸那樣的不光彩。另一方面，哲學的生活並不是一種沒有活動的生活，因爲思考本身實際上是最好的一種活動。這是柏拉圖《理想國》中所提問題的亞里斯多德式說法，是關於即使哲學家們擔任哲學家而非從事治理時會比較幸福，但是卻要他們來從事治理，只是沒有洞穴的有趣比喻。亞里斯多德對這個問題似乎採取一個不尋常的（對他而言）個人主義觀點。如同我們所看到的，他認爲公民是他們城邦的組成部分，而且甚至似乎認爲傷害自己會是傷害自己的城邦，這和對這種關係的那種看法是相一致的，如同當他讚許地重複對於反對自殺之法律的解釋，因爲自殺傷害此城邦（《尼各馬可倫理學》，1138a12-14）。但是，他從來沒有像柏拉圖那樣建議，即每個人都應該爲他們的城邦扮演某個政治角色。只要任何他的城邦所需要的公民都能在該角色上發揮作用，就都應該過一種積極的政治生活，或許他將此視爲顯而易見的，但是從來沒有這樣說過。或者他可能看不到任何這樣的責任，其解釋在於公民觀點和外邦人觀點兩者之間的差別。

然而，在之後描述公民應該接受的這種道德教育時，他的確做了一些努力試著強調所有德行都是需要的，尤其是從事休閒或戰爭時所需要的德行，而非只是工作上有用或戰爭時需要的德行。這適當地反映這項事實，即從事戰爭是爲了和平，而工作（不是那種不適合公民的體力勞動或不光彩的工作，而是需要由軍隊或由治理者來從事的這種工作）是爲了休閒。「工作需要勇氣和毅力，休閒需要哲學，兩者都需要節制和正義，而且特別是在和平時期和休閒時」（1334a22-25）。這似乎表明，此城邦應該以安排所有公民有時間從事純粹智性的活動爲目標。有了這個目標或甚至以該目標來教育公民，是否這樣做之下必要的工作和戰爭就更有可能爲和平的休閒留出時間，他並沒有這樣的預期。他也沒有解釋在完成工作或戰爭之前，是否應騰出時間來從事智性追求。哲學家之政治責任的這個議題持續存在希臘化（Hellenistic）哲學和羅馬（Roman）哲學當中，同時出現在伊比鳩魯哲學的（Epicurean）和斯多葛哲學的（Stoic）作品裡頭。

如人們所預期的那樣，有關城邦的最好生活和個人的最好生活之間關係的另一個問題很快得到答覆。個人們的幸福應當包含他們同胞的幸福，而此城邦的幸福應該是公民的幸福，其他什麼都不是（1264b17-22）。完全可以預料地，只有德行能夠成爲此城邦的目的，而且因此是公正立法者的目標，就如同只有德行才能構成個人的幸福一般。

對於最終幾卷所闡明的最佳體制這個觀念，它的許多基礎都是在前面幾卷中奠定的，尤其是卷三。我們從該討論中知道，只有從事治理才能同時行使道德德行與公民德行。我們也知道良善者是最應該當之無愧地從事治理的，因爲他們最直接的針對此城邦的此至高目的做出貢獻。卷三以討論君主政體作爲結束，比較了君主政體和貴族政體這兩種最初承諾成爲正確之體制形式中兩個最好的，對於亞里斯多德繼續提議作爲理想的這種安排，這個討論有助於解釋在它的其他符合條件的特徵之中爲何它是最穩定的。基於多種理由，他強烈偏愛貴族政體勝過於君主政體是有說服力的。在特殊的情況之中，相較於其同胞居民，看來有一群具有這樣優良德行的人們，讓他們接受治理會是不公平的，在此情況下他確實同意君主政體是更好的。然而，總是有著劣質的後裔，再加上父母在辨識這種劣質性上可以理解的或自然的困難，他先前對此有所擔心（1286b22-27），所以這種安排即使是公正的時候也許不可能持續很久。在極端形式的君主政體之中，單一個人對所有事物都擁有主權，如同是男性一家之主對這個家庭成員們所做的一般，這種形式的政體馬上引發這個一般性問題，即是否由一個人而非法律來治理可能會是比較好的（1286a7-8）。單一個人可以以一種法律絕對辦不到的方式展現靈活性，儘管事實是這樣，但是考慮到任何單一個人會有腐敗或錯誤的弱點，這並不近似於說是要比另一方面的情況更重要。因爲在法律的應用上可能會允許一些彈性，所以情況尤其是如此。有的群體當中一個人在德行上大幅度優於其他人，或只有一個人是具有任何德行的，有跡象表明他把此等群體想成是相當原始的。他把這種安排看作是古老的，在希臘過去的時候因爲沒有許多良善的人們，所以存在著國王（1286b8-10）。一般來說，它是一種對自然奴隸的適當政治安排，而且他認爲因此這是更適合外來人（字面上的「野蠻人」）。

亞里斯多德早先對於此城邦作爲社群之性質提出一般性評論，而這個最佳體制的根本結構相當直接地產生自這個評論。此社群的這個目的是幸福，城邦以追求其公民之幸福爲目的。最佳的城邦會是成功獲致該目的的這個城邦。亞里斯多德把最佳的生活理解爲涉及政治德行及實踐智慧之積極運作的生活，或者是從事非暴君式政治治理的生活，鑑於他這樣的理解，最好的城邦會是該種生活普及的城邦。清楚地，最佳的安排會是在當中由許多良善的人來從事治理的安排，或者更精確地，此最佳的城邦會是所有人都是良善的且在治理中運作該德行的城邦。這聽起來像是某種烏托邦民主，直到重新引入亞里斯多德對於此城邦之觀念中的其它假設爲止。

在任何自足的社群當中，有一些特定的職能需要履行。在《政治學》之中，這些職能的清單超過一份，而我們在這裡得到另一份。這是一個簡潔扼要的總結：「必須要有大量提供糧食的農民、工匠、士兵、富人、祭司和必要的與有益的事物之裁判員」（1328b20-23）。把他們想像成此城邦的組成部分，這是很自然的。但是，在此我們被告知組成部分和此城邦缺少了就無法存在的部分是不相同的。這個解釋是社群的成員有一些共同之處，即使他們是不平等地擁有這些共同之處，但是某些像工具和生成物之間這類聯繫的特定關係則沒有共同之處（1328a21-30）。這些都是爲了說明奴隸不能算作此社群的組成部分，這是這裡顯而易見的且預料之中的，儘管他們執行此城邦持續進行中生活之絕對至關重要的職能。非公民們則是不相干的，因爲亞里斯多德從討論家庭繼續前進。但是亞里斯多德在這裡更進一步，他如此專注於公民們的德行。他們不是要過有違發展德行的的生活，因此不能從事不符合發展德行的任何工作。農耕、貿易或工藝是被禁止的，因爲他們不容許具有發展德行及運作德行所要有的那麼多休閒的數量。唯一適合具有德行者從事的公民任務會是立法的或司法的職務、軍事的職務或宗教的職務（1328b37-1329a7）。經由允許所有人輪流從事治理和被治理，依年齡決定要承擔的是何種職責，權力被很好地共享。年輕人在軍隊中工作，接著從事治理，之後年長了就行使祭司的職務。除此之外關於宗教的實務並沒有任何細節，也沒有任何要進一步提供更多細節的承諾。

回到卷二，亞里斯多德批評柏拉圖主張說要使得《理想國》之中所描述的這個城邦幸福，但是甚至無法讓他的衛士層級幸福。「除非所有的、大部分的和一些組成部分是幸福的，否則此整體就不可能是幸福的。幸福不像偶數性，偶數性能夠隸屬於整體，而不隸屬於部分」（1264b17-19）。「顯然，最好的體制是在其中任何人會表現得最好與過幸福生活的那種安排。」（1324a23-25）。除非此城邦的組成部分或公民是幸福的，否則此城邦不可能是幸福的。除非公民是良善的，否則他們不會是幸福的。工人們無法成爲良善的，或因而是幸福的。所以，工人們不會是此幸福與最佳城邦的組成部分。因此，工人們不應該是此最優良城邦的公民。這是亞里斯多德的推論，而明顯地這不是從這些前提所做出的唯一推論，這些前提本身也不是無可挑剔的。顯然這是依靠著在第一卷之中所明確表達的假設，是有關需要在不同人之間對不同種類工作進行劃分的假設，接著將這些假設和有關任何種類體力勞動影響智力和性格的假設相結合。

說最好的城邦是由良善的公民治理的，這差不多只是觸及到亞里斯多德在這裡所要說的皮毛。關於這個體制的安排所需要的，以及該如何加以落實，介紹這方面的細節強烈表明這不僅僅是一套關於政治社群之目的的理論性主張，而且是照理應當具有眞正實際用途的一種指示，就算是並非全部都是這樣的。在第七卷最初的一些章節，詳細複述了有關人類德行及幸福之重要性與性質熟悉的亞里斯多德式主張，在此之後他轉向描述此理想城邦在人口及所居住領地這兩方面上所需要的，對於理想人選的描述注意到早先討論奴隸制的一些評論。要從事治理的人必須能夠愼思，也必須要有把該愼思付諸實踐所需要的活力。這些需要的事物讓他們有可能是希臘人：因爲亞洲人生長在溫暖的地方（可能主要是波斯人），所以雖然能夠進行所需要的思考，但缺乏活力，因而容易成為暴君的受害者；歐洲人（例如色雷斯人）生長在寒冷的地方，具有實踐的活力，但是精神上太過不足而無法從事政治治理；幸運地，希臘的氣候是溫和的（1327b29-30）。這是典型希臘式地沾沾自喜於希臘優越的政治安排，包括描述他者或野蠻人的本性，或許這裡只是從這些地方現有的政治安排推斷出來的，接著部分經由解釋的方式歸因給氣候。除了再次且更明確表現出亞里斯多德沒有確實根據的偏見之外，這主要用來重申他的倫理學及政治學當中處處可見的這個假設，即並非是所有人都天生具有獲得德行和幸福的潛能，或者說看起來確實大部分的人是這樣的。

從有關相對於海洋的位置，直到必要的自然資源，所有這些在使得繼續生活下去成為可能，同時使得公民持續不斷的德行成為可能與可信上都是必要的，關於這些必要的自然環境之細節，也有驚人的數量（1330a34-b18）。對於此城邦的物質安排，從房舍應該怎樣朝向以獲得最大的健康益處，到要如何和為何應該要建立城牆，提及許多。有關尋找配偶或生育的最佳年齡，懷孕期的適當運動、對於養育兒童和教育的建議，包括音樂的細節，這些方面的細微資料排在後面（1334b12-1342b34）。這裡應該注意兩點。第一，再次地強調，如果只是出於對烏托邦故事的幻想，毫無任何可行的實際用途，這些所有的細節又都會是愚蠢的。實際上，有一些這裡所提及的會被廣泛應用在其他種類的體制中，事實上相較於針對一般結構的描述，比較微小的細節更是如此，這似乎是很明顯的。（儘管不是全部，他認為軍事防禦應該根據體制在不同地方要有差異。國王需要城堡，平民政體需要平坦的平原，1330b18）。第二，僅僅是關於這些細節的這個事實再次顯示，不只是亞里斯多德對於政治哲學之適當題材的想法有多麼廣泛，而且他關於法律之適當範圍的想法，在程度上遠遠超過任何版本的現代自由主義所能想像的任何事物。這反過來也是一項提醒，即討論體制對他而言事實上最終是在討論此社群之生活的結構。描述此體制主要在掌握這個治理的結構，然而，因爲法律必須支持該結構，而且由於法律同時包括成文的立法和不成文的習俗，所以相較於迅速描述此治理結構所可能顯示的，確定此體制會具有更加深遠的含義。

對大多數最好的（卷四，第十一章）

當然，大多數人是無法具有完整與完全的道德德行。那麼，這個問題是對大數城邦來說，也就是對一般人而言，「什麼是最佳的體制與最好的生活？」（1295a25）。

> 如果在《倫理學》之中提到的好，即幸福生活是德行運作下自由的生活，而德行是中庸，中庸的生活必定是最好的，是人人都能達到的這種中庸，那麼這些相同原則必定定義此城邦與此體制的德行與惡德，因爲體制是城邦的生活方式。（《政治學》，1295a35-b1）

把對於個人之德行的描述明確應用到此城邦，這坦白說是令人費解的。想起就像出現在倫理學作品中的中庸學說那樣，它主要是被使用來解釋惡德，也就是說，它提供了德行作爲基本上避免過度與不及之某種狀態的負面描述，在那裡出差錯部分地被解釋爲某種情緒或態度方面的過度或不及。

> 例如有可能過多或過少地感受到恐懼、自信、慾望、憤怒、憐憫，以及通常的快樂與痛苦，太過與不及都是不好的。但是，以人們應該的時間、對象、針對的人、所爲了的理由及方法具有這些感受，這是適中且最好的。（《尼各馬可倫理學》，1106b18-23）

德行位於中庸的這種狀態，也就是說它避免過度與不及且做得恰到好處的這種狀態。此中庸被描述爲「相對於我們」，而不是數學上的平均數，同時是具有實踐智慧的人能夠加以洞悉的（《尼各馬可倫理學》，1106b36-1107a2）。亞里斯多德想到用來闡明中庸觀念是米羅（Milo）這位摔角手，他需要比不是運動員的人更多的食物（《尼各馬可倫理學》，1106a26-b4）。把中庸說成是「相對於我們」，這當中的要點是中庸不會是某些明顯過多與明顯不足食物量兩者之間的數學中間值，而會是對該情況下的那個人適當的。如果眞的要說它是相對主義的話，這裡的這個相對主義並非主觀主義。米羅所想要的或是所渴望的不是問題之所在，對他而言食物適當的量決定於某種客觀的標準，這是這些事項上的專家所知悉的客觀標準，適當的量取決於飲食者的身體狀況與生活。具有德行的人不只知道此適當的量或中庸是正確的量，而非過度或不及，也知道爲什麼是這樣，而且會想要那個份量。因此，假使米羅具有節制這種德行的話，這種德行是有關生理嗜慾的，他會想要客觀上對他而言是健康的食物份量。假使他不具有該德行，那他就會在這上面出差錯，但是這不會改變中庸。如果比較不是運動型的人要具有節制的這種德行，他們必須是想要較少的食物。中庸會客觀地確定下來，因此對於相同情況下的所有人會是相同的。《尼各馬可倫理學》讓中庸的生活成爲最好的，這當中的含義是德行的生活是一種抉擇避免過度與不及的生活。當這種情況轉移到體制時，這似乎是亞里斯多德在這裡所建議的，結果會是什麼是完全不清楚的。或許亞里斯多德心中想到的只是兩種情況之間某種非常模糊的類似性，而且所訴求的只是所有事情當中要避免在任何方向上的過度這個一般的想法而已。因此，假使城邦除了由中間層級的人來管理之外，由財富上不是處於兩極端的人來從事這件事會是最好的。

另一方面，訴諸於原則及訴諸於中庸作爲相對於特定種類的人這種描述，這顯示出和《尼各馬可倫理學》中關於德行之學說更爲密切的聯繫，就像依賴既非富有亦非貧窮這些人的道德優越性，以此來解釋擁有佔優勢之中間層級的優點這項事實一樣。不管多麼有道理，只要在那裏既富有且良善的似乎被認爲是相當可能的，雖然是困難的，這就和《尼各馬可倫理學》當中的德行學說無法完全吻合。不過，在那裡亞里斯多德所提及與所對談的人們被假設是能夠具有完全的道德德行的，對於比較不完全有這種能力的人們，他一點也沒有說到這些人的不同德行。例如：《政治學》區分男性和女性的德行，或我們在第一卷末尾看到奴隸與自由者德行的區別，但是沒有什麼是按照這種區分來說的。不過，不同人對於德行的不同能力當然在《政治學》這裡是很明顯的，尤其當下此討論是關於非理想的情況。因爲他似乎不相信一般來說成爲富有的對任何人而言總是不好的，所以他即將提出爲了道德品格的緣故中間層級地位之可取性，這樣的提議似乎是關乎僅僅具有平均德行能力的人能夠做到什麼的一項主張。對於具有優越德行能力的人來說，不用發展那些亞里斯多德認爲在只是一般人身上不可避免地可能出現的屬性，無疑地就能夠處理財富或貧窮。如果這是正確的，它仍然只是倫理學作品中這個學說非常小的調整，因爲它不會讓德行的性質對於卓越者或一般人而言有所不同，中庸不會因此而變得有所差異或比較不客觀。這只是針對具有僅僅平均德行能力的人們，經由限制他們在當中能夠成爲卓越的物質環境，這樣稍微侷限這些人德行上可能的範圍。

而應該避免可能導致最糟糕惡德的情況，這似乎是這個想法。這些情況被認爲是財富與貧窮，財富引起傲慢（*hubris*）。富有者（或者是美者或強者，似乎在極度擁有之下會導致類似不再具有吸引力之品格特質的任何普遍可取特性，雖然可能不會有像財富所產生之相當大規模的政治後果）不願意服從治理，因爲在青年時期被寵壞且不守紀律。貧窮者因爲他們的貧困，被描述爲極度地卑躬屈膝，同時也傾向於具有惡意和不當行爲。那麼，這個由富有者及貧窮者所組成的城邦更像是主人與奴隸或輕蔑者與忌妒者組成的城邦（1295b23-25）。所以，在一定程度上這是有關個人德行的主張。對於在道德上較好的，他們最不可能躲避或覬覦重要職務。中間層級的成員個別地都是道德上較好的，他們最不可能躲避或覬覦重要職務。所以，在一定程度上這是有關個人德行的主張。對於在道德卓越上具有一般能力的人們，即使是要發展他們有能力達到之一般類型的卓越，必須要有適量的財富，而且是相當具體的適量。

不過，亞里斯多德很難在個人德行和公民德行之間劃清界線，這個例子很好地說明了這點。在中間層級的人們身上，其道德優越性基本上和他們作爲公民的優越性有關。有一項直接的政治回報，因爲龐大的中間層級之可能結果非常有益於政治的穩定。龐大的中間層級更接近於滿足由平等的人們組成城邦的需求（因此避免被同化爲「主人－奴隸」的關係，而不是眞正政治的關係）。中間層級的成員們憑藉著其本身的行爲，他們不只是成爲一種直接穩定的力量，而且他們也形成富有者和貧窮者之間重要的緩衝。因此，對於兩個最常見體制形式的特有問題，即平民政體和寡頭政體、貧窮者的治理和富有者的治理，龐大的中間層級是解決的方案。我們應該注意到，亞里斯多德並沒有聲稱經濟不平等就其本身而言有任何的不公正，此城邦並不是直接關於物質資源的分配。因爲貧窮對於貧窮者的品格有不良的影響，所以它是不好的，而由於普遍的貧窮對此城邦的特性有不良的影響，所以普遍的貧窮是不好的。

對各個最好的（卷四，第十二和十三章，以及其他地方）

什麼樣的體制對哪一種人們是最有益的？亞里斯多德明確的在「1296b13」詢問了這個問題，並且很簡要地加以回答，雖然有許多他在其他地方所說的也和這個問題有關。例如：在卷三最終幾章關於君主政體和貴族政體的討論，我在談論最好城邦時有加以提及，這些討論也大部分致力於解釋什麼時候君主政體是適當與可取的，而且以所採取的方式來說，幾乎和考量我們於此所發現之平民政體、寡頭政體及公民政體等更常見的形式時是相同的。況且，貫穿中間幾卷（主要是卷四第四至六章，以及全部卷六），對於種種平民政體和寡頭政體的不同討論提出類似的說法。

「此城邦組成部分之中，想要此體制維持不變的部分必須比不想要這樣的部分強大，這是必要的」（1296b15-16; 1270b21-22; 1272b29-33），這是主要的原則。經由考慮到人口之下首先制定治理的結構，顯然這是實現了。在窮人數量超過他們品質上低劣之處，平民政體是自然的形式；在富人之富裕勝過他們較少的數量之處，寡頭政體是自然的。雖然亞里斯多德在此說道，當品質低下者數目上比品質高尚者多時，有必要察看是否他們數目上的優越勝過他們品質上的低劣，但是他沒有說這應該要怎麼做。當卷三當中討論由不同的各方來從事治理的這項主張時，他提及了這種添加的程序，這是對於他所想到的最可信的猜測。貧窮人集體地可能要比富有層級集體地更加富有，或者集體而言要比出身高貴者更加良善。關於此適當體制形式的進一步細節取決於特定的居民組合，而每一個基本種類的體制形式都會有無盡的變化，這很快就會明白。例如：當農業層級佔主導地位時，某種平民政體或最好的那種是自然的。這種體制形式是最好的，因爲農民往往是太忙碌而無法大量參與政治，因此政治的事務通常交給法律處理，而不是落入那種亞里斯多德認爲對城邦有破壞性的離散決策當中（1292b25-30）。由於特定城邦人口上的基本性質，這通常會把這些城邦推入平民政體至寡頭政體規模上的某個位置，因此他們在能夠採取的體制形式上產生了限制，即使如此所有的都應該試著把這兩者結合起來，這仍然是眞的。先前描述爲對大多數人是最好的這個安排，它始終作爲對所有的都是實用的理想（1296b34-40）。

所有和任何體制或政權的保全（卷五和卷六）

再來，爲何是這個主題呢？簡單地理解是關於何者使城邦崩潰或持續，作爲某個理解城邦之計畫的一部分，這是很有道理的。當然，只要關於保全和破壞的主張是相當一般性的，可以把所說的看作是對所有者都是有幫助的建議。不過，有些政權被明確地認爲不只是不理想，甚至在考慮到環境或人口因素下是不理想的，而且被視之爲是不公正的，此種治理方式是不適合任何者，但是所給的回答當中卻包含提供建議給這樣的政權，是這個方面引發了這裡的提問。對於在他的清單上包括這類建議，記得亞里斯多德初步的解釋是改變是困難的（1288b35-1289a7）。這是這樣說的，沒有任何進一步的解釋，而確實所說的聽起來是相當薄弱的。要推翻一個僭主可能是困難的，不過弘揚正義有時不是艱辛的嗎？

對於改變法律之影響的較長處理，這出現在卷二討論希波達莫斯當中，在這裡針對表彰那些在法律上作出有益創新的人，所出現的問題是關於這樣做是否是一種好的安排。亞里斯多德停頓下來對這項政策提出質疑，認爲會有一個難題或困惑（1268b33）。一方面，有支持改變很有說服力的考量，「進步」很明顯是主要的一個考慮因素，而且當政治的領域被視之爲類似於像醫學專門技能的其他領域時，這個考量似乎是完全令人信服的。亞里斯多德同意在政治事務上是有進步的空間，願意主張政治結構上經過數代已經有普遍的改善。事實上，「任何古代習俗的遺跡都是完全愚蠢的」（1268b42-1269a1）。而且，就成文法而言，一定會有改變的需要，因爲這種法律的通用形式在比較特定的情況下會失效。另一方面，任何改變必然導致某種程度對治理者的不信任，這是必須和此種進步進行權衡的。在法律或習俗的情況下，習慣在他們指揮服從的力量中有至關重要的作用，這項事實使得和他種科學或專門技能之間的這種類比變得複雜。所以，看起來有兩個複雜的因素，治理者易犯錯的表現就其本身而言可能破壞秩序，如同打破被治理者的習慣一般。有一個暗示說這會在其他地方再次加以討論，但是它再也沒有在其餘的地方出現。這不是在討論革命性變化或從一個體制形式到另一個體制形式的改變，而只是討論既定結構中法律的改變。然而，它確實提供了一個提示，是關於當亞里斯多德訴諸改變的困難來解釋需要幫助任何體制時，他特別想到的。不過，儘管亞里斯多德對改變持普遍保守的態度，但是關於如何保持體制，他清楚地不認爲什麼都不應該做，或者他不會提供建議，因爲即使是遵循該建議也可能需要一些改變。

對於體制之保全與破壞的原因進行一般性討論，這是先於考量特定種類體制之保全與破壞的原因。所有派系之爭或騷亂的根本原因是對不公正的看法，而且因此這可能是體制改變（雖然有些體制改變是在沒有派系之爭之下發生的，並且有時候派系之爭是關於誰來掌權而不是關於結構的）的基本原因。最常見的控訴形式是平民政體對寡頭政體的控告，即同等自由者在寡頭政體當中不具有均等的權力，以及寡頭政體對平民政體的控告，即富有者在平民政體中所具有的並沒有比貧窮者多，換句話說，財富上不平等者被視爲平等者對待。良善的人如果以對待不如他們的人那樣的方式被加以對待，他們最有理由捍衛他們的地位，不過他們往往不會引發問題，主要因爲他們沒有足夠的人來從事任何事（1301a39-40; 1302a1-2; 1304b4-5）。此不公正的看法和榮譽或利益的分配有關，該看法推測起來可能或不可能是應該的，其原因是各式各樣的，分別羅列在卷五開始的幾章之中。有時候是掌權者的特性引發被治理者的憤恨，有時候是被治理者他們本身的貪婪或傲慢，或者是他們對來自治理者的懲罰或更加不公的恐懼，或者是他們對治理者純粹的蔑視。有時候，改變是由不同團體的相對大小產生變化所引起的。當富有層級萎縮了，貧窮者得到更牢固的控制。有時候，更廣大的政治環境會有影響。「當某個相反類型的體制在鄰近或遠方，但卻強而有力，一切體制就會從外部或內部毀滅」（1307b19-21）。這個最後的評述旨在反映伯羅奔尼薩戰爭（Peloponnesian War）期間所發生的政治變化，當時雅典建立平民政體，而斯巴達建立寡頭政體。

關於保全體制的這種建議非常類似對於是什麼破壞它們的描述，以現代的眼光來看，它像似直截了當的道德考量和臨時務實的考量兩者廣泛的混合，這個清冊在卷五第八章開始。不要讓輕微違法行爲被忽略了；不要從事往往會鼓勵富有者參與而阻礙窮人參與的事，以此試圖欺騙民眾，像不付錢讓窮人來參與而卻對不參與的富人罰款；公平對待治理階層之外的人們，而以民主的方式對待治理階層內的人們；防止精英之間的鬪爭；不要讓任何人變得太大，少量地發放榮譽，不管該榮譽是多麼高度應得的；如果必要的話，針對變得和其餘者完全不相稱的任何人，訴諸陶片放逐法（ostracism）將其驅逐出此城邦。此外，因爲「體制不只是由於其位於遠方的毀壞原因而得以保全，而且有時候是由於其鄰近的毀壞原因所致的」，所以爲了要激勵公民能夠緊緊抓住該體制，灌注恐懼或許是有幫助的（1308a25-30）。提到這種現今令人感到心痛且長久存在而熟悉的策略，在此似乎是在建議不道德的行爲。然而，並不完全清楚亞里斯多德是有意鼓勵這種政策。正如當我們轉向他處理僭主政體時將會看到的，他在其他地方把行爲描述爲傾向於維持體制，而最終卻不予以背書。不過爲了共善而對被治理者說謊，而這裡透過假設維持此體制是爲了共善，亞里斯多德有可能不會認爲這樣做必然是不公正的，這也是應該被注意到的地方。

在任何體制之中，安排事情使得擔任公職的人不可能藉擔任職務謀利，這是極其重要的（1308b31-33）。在寡頭政體中情況尤其如此，因爲它會阻止窮人怨恨他們被排除在外。另一方面，平民政體應該約束地對待富人，而寡頭政體則應該讓窮人有獲利的機會。這裡再次出現熟悉的考量。如果公民政體未能在平民政體和寡頭政體之間維持適當的平衡，也就是窮人之權力和富人之權力兩者之間的適當平衡，實際上他們（乃至具有貴族政體特性的公民政體，只要他們把德行當作擔任公職的其他條件之一）會崩潰。

這種指向混合的或平庸的體制形式是一個不變的主題。除了確保想要此體制的人口比不想要此體制的人口多之外，「有必要不要忽視現今被異常體制所忽視的，即適中。許多表面上平民式的事物毀滅平民政體，許多表面上寡頭式的事物毀滅寡頭政體」（1309b18-21）。試圖建立似乎一致於某既定體制之根本原則的所有特性，例如和平民政體的自由相容的一切事物，或者是和寡頭政體中的財富相容的所有事物，這是錯誤的。因此，雖然調平資產理論上可能是本著平民政體當中的精神，因爲這會剝奪此城邦所必要的（根據亞里斯多德對於城邦之必要組成部分的解釋）富有層級，所以這顯然不能被視爲保全平民政體（1309b35-1310a2）。極端或純粹版本的體制形式往往無法穩定或切實可行，這反映在有關教育之性質的評述當中。亞里斯多德經常提及公民應該接受著眼於此體制的教育，然而相對比較少有曾經說過這究竟指的是什麼，至少除了在此最佳城邦的情況以外是這樣的。未能關心教育是他對所有現存城邦比較一般性的控訴之一（斯巴達除外，雖然是以錯誤的、軍事的德行作爲追求的目標，但是至少以某事物爲目標），而他在討論保全平民政體及寡頭政體的方式時重複這一點。「接受關於某體制的教育不是從事令寡頭政體者或想要平民政體的人高興的事，而是從事讓他們有能力以寡頭政治的方式從事治理或擁有平民政體的事」（1310a19-22）。我們已經知道財富對一般人不是好的。在以有益於寡頭政體的方式中養育長大，這肯定不是要成爲一個被寵壞的富家子弟，這是會引發來自貧窮者的憤恨，同時是會沒有能力來從事治理或服從，因此無法很好地作爲此城邦中治理部門的一員以發揮作用；同樣地，也不是把自由帶給極端的那些人讓過著他們隨心所欲想過的生活，以一種維護群眾當家作主的方式過生活，因爲他們有可能把一切遵紀守法視爲對他們自由的侵犯（1310a22-36）。

上述是對於亞里斯多德所必須要說的加以不完整的描述，這足以顯示在他考慮這兩種最常見的異常體制形式之中，即寡頭政體和平民政體，他的傾向總是把比較公正的和比較穩定的相互合併。要這種保全他們的建議總是朝著公民政體的方向推進的問題，也就是減少這個發揮作用中之類型嚴苛的特性，而讓每個異常形式都移向他們的人口能夠順應之唯一適當的形式。另一方面，給正確體制形式的建議或多或少相當於強調他們要小心不要陷入一種異常的形式。德行從事保全而惡德則進行破壞。

關於這一點，亞里斯多德對於保全僭主政體的討論是最終且最好的例子。僭主政體是最糟的體制形式，它結合了其他兩種異常形式的惡德：像寡頭政體，它視財富爲目的而且不相信民眾；像平民政體，它展現出對上層層級的敵意（1311a8-20）。它和寡頭政體一同出現，只是人們假定它是在寡頭政體前面，它是最不穩定及最不持久的體制形式（1315b11-12）。對於僭主爲了保全其權力所採取的一般措施，亞里斯多德首先描述了其生動的細節。他們在使其臣民害怕、無助和分裂上，「不遺漏任何惡德」（1314a12-29）。結果顯示出這並不是建議，而只是社會學研究。眞正的建議是這樣開始的：

正如一種摧毀王位的方式是讓這種治理更加專制，所以一種保全獨裁的方式是使它更爲君主

> 制。只有權力是要得到保護，這樣他才能同時治理願意的和不願意的人。因爲如果這一點消失了，此僭主政體也就消失了。不過，雖然這一點必須維持是既定的，除此之外他應該行動上或似乎在行動上扮演好國王。（《政治學》，1314a33-40）

這仍然是「基於某個假設」所給的建議，即此僭主會繼續掌權，這被認爲是已知的事實。將不會發生任何眞正大幅度的品格改變，這也被認爲是已知的事實，此僭主不會轉變成蘇格拉底。所提出的改革清單結束：

> 此僭主必須在他的臣民面前表現出是慈父或國王一般，而不是獨裁的，不像是財富的占有者，而是被信託者，他應該追求節制而非揮霍無度的，他應該享受顯要人士的陪伴，應當成爲眾多人所歡迎的領導者。因此，由於他治理更爲良善的而非被羞辱的人們，不會最終以憎恨及恐懼結束，同時也治理得更爲長久，所以他的治理是既優秀又更值得羨慕的。他本身德行方面會更具有好的傾向，或會是部分良善的而不會是邪惡的，只是部分邪惡的。（《政治學》，1315a41-b10）

這顯然不是在鼓勵邪惡，而是試圖加以削弱並減輕其後果。然而，它仍然和道德不那麼卓越的勾連在一起，但當然關鍵的所在是一開始就著手於幫助任何人從事更好的治理。就是在僭主的一方提出一種欺騙，他被告知要假裝他自己是一個比實際情況更好的人。不過在這種情況下，因爲假裝成一個更好的人舉止上也扮演更好的人，同時以一個更好的人會對他人的方式來對待他們，所以這種欺騙開始看起來很像道德的進步。當亞里斯多德把他的建議之追隨者描述爲部分良善或（只是）部分邪惡時，這清楚的顯示他如何來看待這件事的。在建議異常體制的治理者舉止像是比自己實際情況更好的人上面，僭主並不是唯一被這樣建議的治理者。這也是所有亞里斯多德建議寡頭政體和平民政體之治理者的一般性大意：表現得似乎你不是爲了自己的利益而從事治理。因爲德行是幸福，所以成爲良善的並秉持共善以從事治理事實上是爲了治理者眞正的利益。對於比較不良善之治理者，他們被建議關於他們之利益的方式，超過他們所能意識到的。在被建議如何維護權力上，事實上他們正在接受德行的培訓，達到他們能夠接受培訓的範圍。如果所有擔任官職的人都是純粹地與直接地由明智地關懷共善所激勵的，那麼不可否認這會是更好的。但是，照亞里斯多德的看法，這在現實上不具有可能性。諷刺地，在其斷言比較良善者總是會比比較不良善者表現得更好之中，這種對於最糟糕情況的處理或許是《政治學》最具烏托邦色彩的部分，而不是卷七之中對於最佳情況的處理。

因此，亞里斯多德於卷四開頭描述其工作時，他陳列了看起來完全不同且/或甚至不一致的問題，這些問題以完全一致的方式得到答覆。此統合的原則是對特定城邦而言最好的，這取決於關於該城邦的各種事實，重要的而雖然不是完全的，這依憑其公民的德行或潛在德行，而最重要並且雖然一樣不是全部地，這有賴於其從事治理之公民的德行或潛在德行。

進一步閱讀的建議

對於有關最後兩卷和他們前面參卷之間關係這方面論辯的開始，參見 Jaeger, *Aristotle: Fundamentals of the History of his Development*（2nd ed. Oxford: Oxford University Press, 1948）。要繼續追溯此辯證，接著參看 Rowe 的 'Aims and Methods in Aristotle's *Politics*'（Keyt and Miller, Cambridge: Basil Blackwell, 1991, 57-74）。然後這可以繼之以 Irwin 的 'Moral Science and Political Theory in Aristotle'（*History of Political Thought* 6, 1985, 150-68），之後再次是 Rowe 的 'Reality and Utopia'（*Elenchos* 10, 1989, 317-36）。

Clarendon 中 Keyt（第五和六卷）及 Kraut（第七和八卷）卷冊是有幫助的，Mulgan 的 *Aristotle's Political Theory: An Introduction for Students of Political Theory*（Oxford: Clarendon Press, 1997）對體制及其保全有很好的討論。

第五章　結　論

現在回顧一下，我們可以看到，《政治學》的第一章清楚地顯示了對亞里斯多德而言道德與政治的探究之主要主題：要治理此城邦需要什麼樣的專門技能或知識。在這點上，就像許多的其他部分一樣，他是跟隨柏拉圖的，至少是在這個問題的背景，而或許不是在回答的所有細節上。假設有些人會從事治理，而治理可以做得好或不好。誰來從事治理和如何治理得好則是唯一的問題。因此，人們理所當然認爲有人應該統治：常見的關於合法性之最一般的現代問題都沒有出現。人類需要參與某種政治社群才能過得好，人天性上就是這種生物。這意思是說不僅僅是爲了活動的協調，或者是爲了相互的保護，以避免自然的或他人所會造成的各式各樣傷害，而且是針對人類生命之本質，也就是要與他人共同生活以從事根本上是公共的活動，同時這種活動是無法化約爲個人們所匯總之貢獻，因而某種政治組織或權威是必要的。因爲有人類存在，所以有政治社群，很大程度上就如同因爲有蜜蜂，所以會有蜂窩，儘管不完全是一模一樣的。那麼，哲學的問題並不是如何確證這個反映在政治社群之存在當中的這個自然事實，而是在於如何組織這些社群，以便可以過美好的人類生活。

從事治理這項技藝的眞正目的是在使公民成爲良善的，這就像醫學的目的毫無疑問地是獲得健康。正確理解下的治理並不是權力的運用，而是教育中的實踐。因此致力追求公民的良善或德行並不只是一個使他們能服從法律的問題，而是要制定他們一旦加以遵行則會變得良善的法律。雖然好的法律遠遠不足以保證公民的德行，但好的法律對公民之德行而言是必要的，並且這些法律應該以讓公民變得良善作爲目的。因此，這種統治的技藝是透過法律使公民或甚至是非公民變得良善的技藝。可以說這似乎是無可避免地把我們現在所認爲的道德理論和政治理論相結合，雖然基於亞里斯多德並不是把已經是相分開的東西合併起來，這表達方式當然是不太正確的。對於我們現在認爲是分開的探究，把他們完全合併起來可以從兩端來看。政治治理的目的是個人們的德行或幸福，而個人的德行被定義爲使一個人成爲優秀的政治人物或公民者。人類天性上是政治的，所以他們的良好職能和幸福必須是參與某政治社群以便良好地發揮職能。

這個探究的目的不是知識或不只是知識，而是行動（《尼各馬可倫理學》，1095a5-6）。認識到所有人都想過得好的這個慾望，關於此美好生活的這項探究是受到這項確認所鼓舞的。由於每個人都想要過得好，加上因爲對任何個人而言過得好需要他人也都過得好，所以，對於此美好生活之性質的探究會是有關於此政治善及其緣由的探究，這也是顯而易見的。然而，政治哲學不是一種純粹的智性演練。談論誰應該從事治理及他們應該如何治理，這當中的要點是協助人們以他們應該採取的方式來從事治理。這個探究的此中心實踐目標對探究的範圍有所影響，任何能影響人類生活品質的任何事物都歸入此研究的整體範圍內。（這樣一來，總而言之就像我一直建議的那樣，把《尼各馬可倫理學》和《政治學》看作是單件作品），這件專著從批評柏拉圖統一的善之形上學觀念（《尼各馬可倫理學》，1096a17-1097a14），轉向有關什麼樣的地點對城邦是最健康的建議（朝向東邊傾斜，1330a38-40），這是有意義的。

從最爲理論的走向世俗的，這種廣度是和柏拉圖作品所共有的特點，而且毫無疑問這部分的原因是他們所想像之城邦可控制的大小。因爲一個人有可能看到所有這些細節，所以這種處理是寬廣和包羅萬象的。然而，亞里斯多德以另一種方式觸及更廣闊的範圍，這是更令人印象深刻，即是指他關於政治學作爲一門科學之範圍的構想。在此他擴展了他取自柏拉圖那裏的政治學和醫學之間的類比。這樣一來，不只是政治學以追求靈魂的健康爲目的，如同醫學以追求軀體的健康爲目的一般，而且正如同醫學要爲不健康的軀體負責，事實上主要是和不健康的軀體有關，所以同樣地，政治學是爲嚴重的不完美體制負責，事實上主要是和嚴重的不完美體制有關。當然，這再一次地和這個探究的這些實際目標有關。如果，人類當中的任何人要有機會生活得好，他們就需要共同生活在相當複雜的社群當中，那麼有關如何繼續過著那種公共生活的這個問題是迫切的。不太理想的物質、文化或道德情況並沒有使這個問題變得不那麼急迫。就像關於住所及飲食的這個建議一樣，亞里斯多德熟悉現實世界證明是有用的，而這次是以歷史和心理學的形式。無論亞里斯多德的作品有什麼魅力，或許就存在於這種沒有鄙視地接納大部分人類生活的眞實狀況。對於完全沒有柏拉圖的文學才華這一點，很難不感到令人惋惜。然而，或許在內容或至少在風格上有抵銷作用的補償。對於亞里斯多德所具有較保守的傾向而言，這個相同的實用取向也許也是其中部分的原因。至少當它和要求關注前人之想法的一般哲學方法論接合起來，以及和會讓徹底改變習慣變得困難的品格發展之看法相連接時，結果會是如此。

相對於現代政治學理論，亞里斯多德採取完全不同的取徑，而且他關於政治事務之作品引人注目的廣度，可能共同解釋了爲何這麼多他的繼承者及不同派別的人都能從他的作品中找到靈感。不只是來自易於預見的美國奴隸主以及其他殖民主義者、帝國主義者及反女權主義者的每個人援引了亞里斯多德，加上馬克思（Marx）和馬克思主義者（Marxist）也這麼做，因爲亞里斯多德意識到物質條件是重要的，加上資產階級個人主義的缺失，而且女權主義者也引述亞里斯多德，由於他對人類德行的看法並非是純粹理性的，加上他認爲人類本質上是社會的存在。能夠關注強烈個人主義之缺失並強調德行的當代社群主義者，以及可以把心力聚焦於討論平等或重視實現人類能力的當代不同流派自由主義者，他們都找到自己喜歡的東西。因爲他是「前—現代」及「前—自由主義的」（pre-liberal），所以對於想要批評現代觀點中似乎已存有問題之典型特點的人而言，他的思想可以作爲豐富的來源，因此受到社群主義者、一些馬克思主義者和一些女權主義者的擁抱。對於每一個他能想到的政治安排中所有吸引人及不吸引人的特點，調解的取徑使他能夠加以仔細地篩選，因此即使對於他在寫作時還沒有出現的鮮明自由主義觀點，還是可以在他的作品中找到對這些觀點之內容的支持。所有這些已經是一直在或正在回應亞里斯多德之文本中眞實的東西，明顯可見沒有人是擁抱他的全部學說或任何接近其全部學說的東西。如我們已經看到的，亞里斯多德的社群主義儘管不怎麼好，但它不是針對自由主義的過度所作的反應，而主要是對人類採取某種目的論與深刻階層式觀點的自然發展，沒有人會再支持這種觀點。雖然他提供了有利於使政治平等這類東西有說服力與有趣的考量，例如如同在他有關群眾之可能智慧的論證當中一般，他把平民政體歸類爲異常或不公正的治理方式，這麼不贊成這種政體。甚至對於這類政體的修正版，即公民政體，他也視之爲所有良好政體中最不好的。說得更確切些，讓他走向人人享有平等之政治發言權的考慮因素，從來都不是關於所有人顯而易見之基本的道德平等。事實上後來的思想家所接受的一直是其理論中許多不同的部分，這和亞里斯多德認爲自己在人類思想史上的綜合地位之間有奇怪的逆轉。以亞里斯多德的政治學作品和任何當代事物兩者之間的內容來說，眞正的融合可能是少的，而這不是什麼令人感到遺憾的事。當古典希臘城邦開始消失時，亞里斯多德對這種城邦提供了最好的理論性處理，這麼說雖是老生常談，但或許是值得記住的。另外，從一開始這在某種程度上就有些過時了，在許多世紀之後這只會更加如此。因爲亞里斯多德自己讓政治建議的有用性如此直接取決於所要引導之社群生活的具體細節，所以承認這一點是這項工作自身的精神所在，這是具有諷刺意味的。

歷史的關注並非無關緊要，而除了這種歷史的關注之外，亞里斯多德的作品最終可能有不同層面上更大的當代哲學之用途與相關性。換言之，經由關注借用或改編部分的學說雖然會有明顯的收穫，而且有許多是大家清楚記得並順利被重複的，與其如此不如針對他所選擇要談論的話題，以及爲何似乎對他來說這些都是需要一起討論的事情，加以反思。我這並不是要表明亞里斯多德的古老跨學科性（interdisciplinarity），雖然那似乎是引人注目且令人欽佩的。我想我們現在都相信政治學家或哲學家不應該忽視經濟問題、教育問題或甚至是審美的問題，不管實際上會發生什麼事。也會有最理論的和最實用兩者的結合，這是被認爲對兩者都有必要的結合。因此，這不僅僅是某種古老思想偶然及迷人的特點，而且是亞里斯多德思想經過深思熟慮的學說。把他有關政治社群之組織的建議和他關於人類幸福的想法緊緊綁在一起，亞里斯多德也相當明顯地這麼做。他有關幸福的想法，或者說在這個想法的細節上，這些細節非常堅定地把幸福緊扣著某種特定的古老生活，還有他假設任何人類社群都應該致力追求那個相同的目的，無論是這個想法或假設，現在都不能或也不應該以任何明顯類似於其原始形式的方式來加以接納。但是對於美好人類生活是什麼，當然我們應該具有且事實上的確有著看法，並且對於如何來構思政治的及其他社群的組織，這些看法應該會有且事實上的確有著影響。當然，我們的政治或其他社會機構的組織也會影響我們個人的品格，即使是當這些機構努力不產生任何影響的時候。

最後，由於文化與政治的環境當中一般來說有益的改變，所以亞里斯多德對於政治社群的積極建議或許現今只具有相對較少的直接大規模用途，雖然如此，只有透過他的作品，人們才會想到人性和文化還有多少是沒有改變的。有關於是什麼使得人類的社群未能提供其成員美好的生活，他這方面的古老警告往往還是令人難以忘懷的。

進一步閱讀的建議

在亞里斯多德那裏找到靈感之自由主義者的例子，這些稍加不同種類的靈感，參見 Miller 的 *Nature, Justice, and Rights in Aristotle's Politics*（Oxford: Oxford University Press, 1995）和 Nussbaum 的 'Nature, Function, and Capability: Aristotle on Political Distribution'，載於 Patzig 的 *Aristoteles, 'Politik': Akten des Xi. Symposium Aristotelicum*（Göttingen: Vandenhoeck & Ruprecht, 1990）。有關反自由主義的新亞里斯多德主義（Neo-Aristotelian）看法，參見 MacIntyre 的 *Whose Justice? Which Rationality?*（Notre Dame: Notre Dame University Press, 1989）。就女權主義者的回應而言，參見 Bar On 及 Freeland 編輯的作品集。

參考文獻

翻譯、文本和評論

Barnes, J. (ed.) *The Complete Works of Aristotle: The Revised Oxford Translation*, Princeton: Princeton University Press, 1984.

Broadie, S. and Rowe, C., *Aristotle: Nicomachean Ethics*, translation, introduction, and commentary, Oxford: Oxford University Press, 2002.

Bywater, I., *Aristotelis Ethica Nichomachea*, Oxford Classical Texts, Oxford: Oxford University Press, 1894.

Cooper, J. M. (ed.), *Plato: The Complete Works*, Indianapolis: Hackett Publishing, 1997.

Crisp, R. (trans.) *Aristotle: Nicomachean Ethics*, Cambridge: Cambridge University Press, 2000.

Gagarin, M. and Woodruff, P. (eds) *Early Greek Political Thought from Homer to the Sophists*, Cambridge: Cambridge University Press, 1995.

Keyt, D., *Aristotle Politics, Books V and VI*, translation and commentary, Oxford: Clarendon, 1999.

Kraut, R., *Aristotle Politics, Books VII and VIII*, translation and commentary, Oxford: Clarendon, 1997.

Lord, C. (trans.), *Aristotle: The Politics*, Chicago: Chicago University Press, 1985.

Newman, W.L., *The Politics of Aristotle*, 4 vols, Oxford: Clarendon Press, 1887-92.

Rackham, H., *Aristotle, Politics*, Loeb Classical Library, Cambridge, Massachusetts: Harvard University Press, 1932.

Reeve, C. D. C. (trans.), *Aristotle: Politics*, Indianapolis: Hackett, 1998.

Robinson, R., *Aristotle: Politics Books III and IV*, Oxford: Clarendon, 1995.

Ross, W. D., *Aristotelis Politica*, Oxford Classical Texts, Oxford: Oxford University Press, 1957.

Saunders, T.J., *Aristotle: Politics Books I and II*, Oxford: Clarendon, 1995.

其他書籍和文章

Annas, J., "Comments on J. Cooper on Political Animals and Civic Friendship," in Patzig, 243-48.

——, *The Morality of Happiness*, Oxford: Oxford University Press, 1993.

——, "Aristotle on Human Nature and Political Virtue," *The Review of Metaphysics* 49 (1996) 731-54.

Barnes, J., *Aristotle*, Oxford: Oxford University Press, 1982.

——, "Aristotle and Political Liberty," in Patzig, 249-63.

—— (ed.), *The Cambridge Companion to Aristotle*, Cambridge: Cambridge University Press, 1995.

Barnes, J., Schofield, M. and Sorabji, R.(eds), *Articles on Aristotle: 2. Ethics and Politics*, London: Duckworth, 1977.

Bar On, Bat-Ami, *Engendering Origins: Critical Feminist Readings in Plato and Aristotle*, Albany: SUNY Press, 1994.

Blundell, S., *Women in Ancient Greece*, Cambridge, Massachusetts: Harvard University Press, 1995.

Bostock, D., *Aristotle's Ethics*, Oxford: Oxford University Press, 2000.

Broadie, S., *Ethics with Aristotle*, New York: Oxford University Press, 1991.

——, "On the Idea of the *summum bonum*", in Gill, 41-58.

Browning Cole, E., "Women, Slaves, and 'Love of Toil' in Aristotle's Moral Philosophy," in Bar On, 127-44.

Cartledge, P., *The Greeks*, Oxford: Oxford University Press, 1993.

——, "Like a Worm i' the Bud? A Heterology of Classical Greek Slavery," *Greece and Rome*, 40 (1993) 163-80.

Cartledge, P. and Harvey, F.D., *Crux: Essays Presented to G.E.M. de Ste. Croix*, London: Duckworth, 1985.

Cooper, J. M., "Aristotle on Natural Teleology," in Schofield and Nussbaum, 197-222.

——, "Political Animals and Civic Friendship," in Patzig, 220-41.

——, *Reason and Emotion: Essays on Ancient Moral Psychology and Ethical Theory*, Princeton: Princeton University Press, 1999.

——, *Knowledge, Nature, and the Good: Essays on Ancient Philosophy*, Princeton and Oxford: Princeton University Press, 2004.

Curren, R. R., *Aristotle on the Necessity of Public Education*, Lanham, Maryland: Rowman and Littlefield, 2000.

Düring, I., *Aristotle in the Ancient Biographical Tradition*, Göteborg, Stockholm: Almqvist & Wiksell, 1957.

Farrar, C., *The Origins of Democratic Thinking: The Invention of Politics in Classical Athens*, Cambridge: Cambridge University Press, 1988.

Finley, M. I., "Aristotle and Economic Analysis," in Barnes, Schofield and Sorabji, 140-58.

——, *Ancient Slavery and Modern Ideology*, New York: Viking Penguin, 1980.

—— (ed.) *Classical Slavery*, London and Portland, Oregon: Frank Cass Publishers, 1987.

Freeland, C. (ed.) *Feminist Interpretations of Aristotle*, University Park, Pennsylvania: The Pennsylvania State University Press, 1998.

Garlan, Y., *Slavery in Ancient Greece*, translated by Janet Lloyd, Ithaca and London: Ccrnell University Press, 1988.

Garnsey, P., *Ideas of Slavery from Aristotle to Augustine*, Cambridge: Cambridge University Press, 1996.

Gill, C. (ed.), *Virtue, Norms, and Objectivity: Issues in Ancient and Modern Ethics*, Oxford: Oxford University Press, 2005.

Hansen, M. H., *The Athenian Democracy in the Age of Demosthenes: Structure, Principles, and Ideology*, Oxford: Blackwell, 1991.

Harding, S. and Hintikka, M. B., *Discovering Reality: Feminist Perspectives on Episte- mology, Metaphysics, Methodology, and Philosophy of Science*, Dordrecht: D. Reidel, 1983.

Harvey, F. D., "Two Kinds of Equality," *Classica et Mediaevalia* 26 (1965) 101-46.

Hughes, G., *Routledge Philosophy Guidebook to Aristotle on Ethics*, London: Routledge, 2001.

Huxley, G. "On Aristotle's Best State," in Cartledge and Harvey, 139-49.

Irwin, T.H., "Moral Science and Political Theory in Aristotle," *History of Political Thought* 6 (1985) 150-68.

——, *Aristotle's First Principles*, Oxford: Clarendon Press, 1988.

——, "The Good of Political Activity," in Patzig, 73-98.

Jaeger, W., *Aristotle: Fundamentals of the History of his Development*, 2nd ed. Oxford: Oxford University Press, 1948.

Judson, L., "Aristotle on Fair Exchange," *Oxford Studies in Ancient Philosophy* 15 (1997) 147-75.

——, "Aristotelian Teleology," *Oxford Studies in Ancient Philosophy* 29 (2005) 341-66.

Just, R., *Women in Athenian Law and Life*, London and New York: Routledge, 1989.

Keyt, D., "Three Basic Theorems in Aristotle's *Politics*," in Keyt and Miller, 118-41.

——, "Aristotle's Theory of Distributive Justice," in Keyt and Miller, 238-78.

Keyt, D. and Miller, F. D. Jr (eds) *A Companion to Aristotle's Politics*, Oxford: Blackwell, 1991.

Kraut, R., *Aristotle: Political Philosophy*, Oxford: Oxford University Press, 2002.

Lange, L., "Woman is Not a Rational Animal: On Aristotle's Biology of Reproduction," in Harding and Hintikka, 1-15.

Lear, J., *Aristotle: The Desire to Understand*, Cambridge: Cambridge University Press, 1988.

Lloyd, G. E. R., *Aristotelian Explorations*, Cambridge: Cambridge University Press, 1996.

Lord, C. and O'Connor, D. K. (eds), *Essays on the Foundations of Aristotelian Political Theory*, Berkeley: University of California Press, 1991.

MacDowell, D. M., *The Law in Classical Athens*, Ithaca: Cornell University Press, 1978.

MacIntyre, A., *Whose Justice? Which Rationality?* Notre Dame: Notre Dame University Press, 1989.

MacPherson, C. B. (ed.), *Thomas Hobbes: Leviathan*, London: Penguin Books, 1968.

Meikle, S., *Aristotle's Economic Thought*, Oxford: Clarendon Press, 1995.

Miller, F., *Nature, Justice, and Rights in Aristotle's Politics*, Oxford: Oxford University Press, 1995.

Modrak, D., "Aristotle: Women, Deliberation, and Nature," in Bar On, 207-21.

Moody-Adams, M. M., *Fieldwork in Familiar Places*, Cambridge: Harvard University Press, 1997.

Mulgan, R. G., *Aristotle's Political Theory: An Introduction for Students of Political Theory*, Oxford: Clarendon Press, 1977.

——, "Aristotle and the Value of Political Participation," *Political Theory*, 18 (1990) 195-215.

——, "Aristotle and the Political Role of Women," *History of Political Thought*, 15 (1994) 179-202.

——, "'Was Aristotle an 'Aristotelian Social Democrat'?" *Ethics*, 111 (2000) 79-101.

Nussbaum, M. C., "Nature, Function, and Capability: Aristotle on Political Distribution," in Patzig, 152-86.

——, "Aristotle, Politics, and Human Capabilities: A Response to Antony, Arneson, Charleworth, and Mulgan," *Ethics*, 111 (2000) 102-40.

Ober, J., *Mass and Elite in Democratic Athens: Rhetoric, Ideology, and the Power of the People*, Princeton: Princeton University Press, 1989.

——, *The Athenian Revolution: Essays on Ancient Greek Democracy and Political Theory*, Princeton: Princeton University Press, 1996.

——, *Political Dissent in Democratic Athens: Intellectual Critics of Popular Rule*, Princeton: Princeton University Press, 1998.

Ober, J. and Hedrick, C. (eds) *De- mokratia: A Conversation on Democracies, Ancient and Modern*, Princeton: Princeton University Press, 1996.

Pappas, N., *Routledge Philosophy Guidebook to Plato and the Republic*, London: Routledge, 1995.

Patzig, G. (ed.), *Aristoteles' 'Politik': Akten des XI. Symposium Aristotelicum*, Göttingen: Vandenhoeck & Ruprecht, 1990.

Pomeroy, S. B., *Goddesses, Whores, Wives, and Slaves: Women in Classical Antiquity*, New York: Schocken Books, 1995.

Pomeroy, S. B., Burstein, S.M., Donlan, W. and Roberts, J.T., *Ancient Greece: A Poli- tical, Social, and Cultural History*, New York and Oxford: Oxford University Press, 1999.

Price, A. W., *Love and Friendship in Plato and Aristotle*, Oxford: Oxford University Press, 1989.

Roberts, J., "Excellences of the Citizen and of the Individual," in G. Anagnostopoulos (ed.), *A Companion to Aristotle*, Oxford: Blackwell, forthcoming.

——, "Aristotle on Justice and the Polis," in Rowe and Schofield, 344-65.

——, "Political Animals in the *Nicomachean Ethics*," *Phronesis* 34 (1989) 185-205.

Rorty, A. (ed.) *Essays on Aristotle's Ethics*, Berkeley: University of California Press, 1980.

Rowe, C., "Aims and Methods in Aristotle's *Politics*," in Keyt and Miller, 57-74.

——, "Reality and Utopia," *Elenchos* 10 (1989) 317-36.

—— and Schofield, M. (eds) *The Cambridge History of Greek and Roman Political Thought*, Cambridge: Cambridge University Press, 2000.

Salkever, S. G. "Aristotle's Social Science," *Political Theory* 9 (1981) 479-508.

Schofield, M., "Ideology and Philosophy in Aristotle's Theory of Slavery," in Patzig, 1-27.

Schofield, M. and Nussbaum, M. (eds) *Language and Logos*, Cambridge: Cambridge University Press, 1982.

——, "Sharing in the Constitution," *Review of Metaphysics*, 49 (1996) 831-58.

Sedley, D., "Is Aristotle's Teleology Anthropocentric?" *Phronesis* 36 (1991) 179-96.

Senack, C. M., "Aristotle on the Woman's Soul," in Bar On, 223-36.

Smith, N. D., "Aristotle's Theory of Natural Slavery," in Keyt and Miller, 142-55.

Spelman, E. V. "Aristotle and the Politicization of the Soul," in Harding and Hintikka, 17-30.

——, "Who's Who in the Polis," in Bar On, 99-125.

Ste. Croix, G. E. M. de, *The Class Struggle in the Ancient Greek World*, Ithaca: Cornell University Press, 1981.

Stockton, D., *The Classical Athenian Democracy*, Oxford: Oxford University Press, 1990.

Surowiecki, J., *The Wisdom of Crowds*, New York: Doubleday, 2004.

Vander Waert, P. A., "Kingship and Philosophy in Aristotle's Best Regime," *Phronesis* 30 (1985) 249-73.

Waldron, J., "The Wisdom of the Multitude: Some Reflections on Book 3, Chapter 11 of Aristotle's Politics," *Political Theory* 23 (1995) 563-84.

Wallach, J. R., "Contemporary Aristotelianism," *Political Theory* 20 (1992) 613-41.

Williams, B., *Shame and Necessity*, Berkeley: University of California Press, 1993.

Wood, E. M., *Peasant, Citizen, and Slave: The Foundations of Athenian Democracy*, London: Verso, 1988.

Yack, B., *The Problems of a Political Animal: Community, Justice, and Conflict in Aris- totelian Political Thought*, Berkeley and Los Angeles: University of California Press, 1993.

Young, C. M., "Aristotle on Justice," *The Southern Journal of Philosophy* 27 (1988) 233-49.

索　引（編按：現代人名、著作不附中譯）

A

B

C

D

G

H

O

P

R

U

V

W

經典哲學名著導讀 019

1BBJ

亞里斯多德與《政治學》

Routledge Philosophy Guidebook to Aristotle and the Politics

作　　者：吉恩・羅柏茲（Jean Roberts）
譯　　者：林建福
發 行 人：楊榮川
總 經 理：楊士清
總 編 輯：楊秀麗
主　　編：蔡宗沂
特約編輯：張邁譽
封面設計：陳亭瑋、封怡彤
出 版 者：五南圖書出版股份有限公司
地　　址：106臺北市大安區和平東路二段339號4樓
電　　話：(02)2705-5066
傳　　真：(02)2706-6100
劃撥帳號：01068953
戶　　名：五南圖書出版股份有限公司
網　　址：https://www.wunan.com.tw
電子郵件：wunan@wunan.com.tw
法律顧問：林勝安律師
出版日期：2024年 1 月初版一刷
定　　價：新臺幣320元

國家圖書館出版品預行編目資料

亞里斯多德與《政治學》／吉恩・羅柏茲(Jean Roberts)著；林建福譯. -- 初版. -- 臺北市：五南圖書出版股份有限公司, 2024.01
面；　公分. -- (經典哲學名著導讀；19)
譯自：Routledge philosophy guidebook to Aristotle and the Politics
ISBN 978-626-366-834-8(平裝)
1.CST: 亞里斯多德(Aristotle, 384-322 B.C.)
2.CST: 學術思想　3.CST: 政治學
570.9401　　112020258